本书由以下项目资助：
国家社会科学基金重点项目：“区块链+供应链”融合治理下农业供应链融资信任机制研究（20AGL021）
国家社会科学基金一般项目：基于长尾农户线下社会资本线上化的银行网贷制度信任机制研究（19BGL155）
国家自然科学基金面上项目：抵押品替代视角下我国农村金融抑制问题研究（71373068）
河南省科技厅软科学研究项目：河南省中小科技企业融资机制创新研究（192400410358）

U0941794

农户多元信号特征下普惠金融实现的理论与实践

Theory and Practice of Inclusive Finance based on the Multi Signal Characteristics of Farmer Households

任乐　王性玉◎著

中国经济出版社
CHINA ECONOMIC PUBLISHING HOUSE
·北　京·

图书在版编目（CIP）数据

农户多元信号特征下普惠金融实现的理论与实践/
任乐，王性玉著．--北京：中国经济出版社，2020.12（2025.7 重印）
ISBN 978-7-5136-6328-1

Ⅰ.①农… Ⅱ.①任… ②王… Ⅲ.①农村金融-研
究-中国 Ⅳ.①F832.35

中国版本图书馆 CIP 数据核字（2020）第 264269 号

责任编辑　罗　茜
责任印制　马小宾
封面设计　任燕飞

出版发行　中国经济出版社
印 刷 者　三河市同力彩印有限公司
经 销 者　各地新华书店
开　　本　710mm×1000mm　1/16
印　　张　12.25
字　　数　180 千字
版　　次　2020 年 12 月第 1 版
印　　次　2025 年 7 月第 2 次
定　　价　68.00 元
广告经营许可证　京西工商广字第 8179 号

中国经济出版社 **网址** www.economyph.com **社址** 北京市东城区安定门外大街 58 号 **邮编** 100011
本版图书如存在印装质量问题，请与本社销售中心联系调换（联系电话：010-57512564）

版权所有　盗版必究（举报电话：010-57512600）
国家版权局反盗版举报中心（举报电话：12390）　　服务热线：010-57512564

RREFACE 前言

发展农村经济、促进乡村振兴既是我国全面建成小康社会的重要目标，也是构建社会主义和谐社会必须解决的关键问题。近年来，随着普惠金融工作的持续推进，我国农村经济较之前有了快速发展。但总体来看，农村金融仍然是我国金融体系中较为薄弱的环节，金融抑制现象依然存在。由于农户自身特性以及其居住的分散性，金融机构与农户之间存在明显的信息不对称，加之抵押品的缺乏，金融机构难以有效地控制信贷风险，通常对农户实施信贷配给。因此，在农户缺少抵押品的现实背景下，如何选择有效的农户多元信号特征，从而使金融机构能够区分出哪些农户具备还款能力且有还款意愿，是缓解金融机构与农户之间信息不对称程度，以及解决农村金融抑制问题、实现普惠金融目标的关键所在。

鉴于此，本书将普惠金融与金融抑制这一对立的概念联系起来，以博弈论中的信号传递理论作为理论依据，通过分析农户自身特征因素，选择能够有效反映农户还款能力的农业保险信号及能够有效反映还款意愿的农户信誉特征信号，利用信号传递效应理论和信号传递博弈理论，研究不同信号特征的内在作用机理，并基于农户信贷状况问卷调查实证检验其替代作用的显著性。在此基础上，本书又将农业保险和信誉特征组合，形成二元信号特征组合并实证检验其替代强度的增加程度，进而提出农户多元信号特征组合是显示农户类型的最优选择，从而把不同质量、类型的农户区分开来，有效降低了金融机构与农户之间信息不对称的程度，突破单一信号易引致逆向选择和道德风险的困境。本书基于数字信息技术背景，提出多元信号组合下数字普惠金融目标实现的路径选择，最后结合案例研究结论，提出相应的对策和建议。本书的研究成果有助于缓解农户所受到的信贷配给，进一步增加农户的信贷效率，从而缓解农村金融抑制现象，实现农村普惠金融目标。本书主要研究内容和研究结论如下。

研究内容一：农户正规金融借贷情况及农户农业保险参保情况和信誉情况分析

本书对河南省 63 个县域的部分农户进行了问卷调查，结果显示，有信贷需求的农户为 744 户，申请过正规借贷的农户有 435 户，占有信贷需求的农户比例近 60%，其中获批信贷资金的农户有 232 户，未获批信贷资金的农户为 203 户，有近一半的农户没有获批金融机构贷款，面临信贷服务配给。在获得正规信贷资金支持的 232 户农户中，有 128 户获得足额信贷资金支持，占比 55%，但也有 104 户农户（占比 45%）实际获得贷款额度小于其申请的贷款额度，面临信贷数量配给。由此可见，农户面临金融抑制的程度比较明显，普惠金融普及程度不够。此外，在有信贷需求的农户中，未申请过正规借贷的农户为 309 户，占比 41.5%，比例相对较大，其中有近 1/3 的农户是因为感觉借不到款而选择放弃，说明普惠金融宣传尚显不足；有近 1/4 的农户是因为没有抵押担保品而不得不放弃，这也证实了广大农户抵押担保品缺乏的现状。同时，本书对农户农业保险参保情况进行分析发现，尽管目前河南省农业保险的推广率和普及率相对较低，但农户参保意愿强烈。本书对农户的信誉状况进行调查发现，广大农户普遍具有一定的信誉基础，这为开展以农户信誉特征为评价指标的农户信贷活动提供了支撑。

研究内容二：农业保险作为农户还款能力信号的机理分析与实证检验

本书以农业保险作为农户还款能力的抵押品替代信号，通过构建参保农户与未参保农户净收益模型、银行净收益模型及农户和银行双方福利最大化的社会总效用模型，研究发现在一定条件下，参保农户获得贷款的可能性以及其最优贷款额度均大于未参保农户，由此本书提出实证研究假设，进一步利用河南农户的调查数据进行实证检验。本书通过独立样本T检验、Logit回归模型和Tobit回归模型分析验证了农业保险作为抵押品替代信号能够增加农户信贷可得性和信贷额度的研究假设。研究结论对更好地发挥银保互动融资功能，以及推进农村普惠金融服务和切实解决农村金融抑制问题具有现实指导意义。

研究内容三：信誉作为农户还款意愿信号的机理分析与实证检验

本书以信誉作为农户还款意愿的抵押品替代信号，通过构建信号传递博弈模型，在分离均衡和准分离均衡基础上提出实证研究假设，并利用河南农户的调查数据进行实证检验。本书通过独立样本T检验、Logit回归模型和Tobit回归模型分析发现，信誉高低显著影响农户信贷可得性和信贷额度，高信誉农户比低信誉农户更容易获得银行贷款，并且高信誉农户所获得的信贷额度显著高于低信誉农户。由此可见，信誉作为抵押品替代信号能够有效缓解农户所受信贷配给。此外，农户是否获得信用评级也显著影响农户信贷可得性和信贷额度。研究结论对强化农户信誉意识，以及金融机构发展农村信用贷款业务和构建"守信受益，失信惩戒"的信誉约束机制具有重要理论价值和现实指导意义。

研究内容四：农业保险、农户信誉二元信号组合研究假设的提出与实证检验

通过研究发现，农业保险和信誉信号均能增加农户信贷可得性和信贷额度，如果把农业保险和农户信誉进行组合，形成既反映农户还款能力又反映农户还款意愿的二元信号组合，则可能更加有效地揭示农户的风险类型，降低融机构与农户之间的信息不对称程度，从而解决农户的信贷配给问题。据此，结合实证分析结果发现，是否参保和是否高信誉显著影响农户信贷可得性和信贷额度，参保高信誉农户获得贷款的可能性和信贷额度显著高于不考虑农业保险信号的高信誉农户，并且同样高于不考虑信誉信号的参保农户，由此说明农业保险和信誉二元信号组合比单一农业保险信号和单一信誉信号的信号显示能力更强，该信号组合更能增加农户信贷可得性和信贷额度。研究结论对有效缓解借贷双方信贷不对称程度、创新设计基于多元信号的农贷技术、探讨建立普惠金融改革新模式具有现实指导意义。

研究内容五：基于农户多元信号组合的数字普惠金融目标的实现

互联网和大数据等信息技术的运用可以有效推动数字普惠金融的发展，无论是网络支付、网络借贷，还是互联网保险、理财均需要基于农户多元信号特征进行评价和风控。农户普惠金融目标实现的基本路径是通过构建大数据网络信息平台，采集农户线下多元信号信息，以及在线实时抓取农户的各类线上信息，并通过大数据风控模型有效筛选识别农户风险类别并进行信用风险等级评定，将可信农户和非可信农户进行分离，同时对非可信农户的风险特征与类型进行刻画和分析，实现对农户信用风险的在线实时管控，从而减少银行信贷风险，推动信贷交易达成。研究成果对农户多元信号组合下普惠金融目标的实现提供了路径选择，也对金融机构如何利用数字信息技术提取农户多元信号特征，以及促进金融产品与服务模式创新提供借鉴和参考。

研究内容六：普惠金融目标实现中农户特征信号作用的现实检验

本书通过案例对各研究内容进行现实印证，进一步强化了研究结论。在兰考县的普惠金融改革中，以农户信誉特征为主体的农户信用信息评价指标的构建和“产业发展助力贷”业务的开展，有力说明了农户信誉在信用贷款中所发挥的重要作用，同时也使农户看到树立良好的信誉所带来的潜在价值，从而强化农户的还款意识和还款意愿。安徽蚌埠的“农业保险贷”使农户的风险保障和信贷融资双向结合，既拓展了农业保险的作用空间，又有效地保障了农户的还款能力。河南省兰考县在获批成立普惠金融综合改革试验区后，计划建立“人民银行扶贫再贷款+政府风险保证金+财政贴息+地方金融机构信用贷款+农业保险”的五位一体的普惠金融改革模式就是对信誉和农业保险信号特征相结合，从而提升农户信贷可得性的有益尝试。中国农业银行开展的“惠农 e 贷”数字普惠金融业务根据各地产业特色创新线上信贷产品，并通过对农户多个信号特征信息的采集进行在线审核、授信、发放贷款和线上风控监管，极大地提升了普惠金融的服务效率。

基于以上研究内容和研究结论，本书分别从政府在政策和资金上如何促进农村普惠金融发展的宏观层面，金融机构如何拓展金融创新产品和服务、发展农村普惠金融市场的中观层面，以及农户如何彰显自身信号特征的微观层面提出相关对策和建议，以增加农村普惠金融市场资金供给、改善市场效率、缓解农村金融抑制，从而实现农村普惠金融目标。

本书相关研究得到中国人民银行郑州中心支行、中国农业银行河南省分行以及河南大学乡村振兴金融研究院的大力支持，在此表示感谢！

由于时间仓促和著者水平有限，书中难免有不当或者疏漏之处，敬请读者谅解并多提宝贵意见。

任　乐　王性玉

2020年10月15日于河南大学商学院

CONTENTS 目录

第一章　绪论 ………… 001

一、研究背景 ………… 001
二、研究目的 ………… 003
三、研究意义 ………… 004
（一）理论意义 ………… 005
（二）现实意义 ………… 006
四、章节安排、技术路线和研究方法 ………… 007
（一）章节安排 ………… 007
（二）技术路线 ………… 010
（三）研究方法 ………… 012
五、特色与创新 ………… 012
（一）本书特色 ………… 012
（二）创新之处 ………… 013

第二章　理论基础与文献综述 ………… 014

一、概念界定 ………… 014
二、理论基础 ………… 017
（一）农村金融理论 ………… 017
（二）金融抑制理论 ………… 019
（三）普惠金融理论 ………… 020
（四）金融共生理论 ………… 021
（五）信号传递理论 ………… 023

三、文献综述 …… 025
（一）金融抑制文献综述 …… 025
（二）普惠金融文献综述 …… 030
（三）农业保险文献综述 …… 032
（四）信誉文献综述 …… 035
（五）其他农户信号特征文献综述 …… 039
四、研究评述 …… 044

第三章　普惠金融体系概述 …… 046

一、普惠金融与金融抑制 …… 046
二、普惠金融体系内涵及服务对象 …… 047
（一）普惠金融体系内涵 …… 047
（二）普惠金融体系服务对象 …… 048
三、普惠金融体系目标及功能 …… 050
（一）普惠金融体系目标 …… 050
（二）普惠金融体系功能 …… 051
四、普惠金融体系内容框架 …… 053
（一）客户层面 …… 053
（二）微观层面 …… 054
（三）中观层面 …… 054
（四）宏观层面 …… 055
五、构建我国普惠金融体系面临的主要问题 …… 055
（一）法律体系不健全，亟待构建普惠金融法律框架 …… 055
（二）发展环境建设不足，亟待加强金融环境建设 …… 056
（三）产品和服务供给不足，亟待普惠金融产品服务创新 …… 056
（四）农户信用记录不够完善，亟待强化农村信用体系建设 …… 057

第四章　农户借贷状况及信号特征调查分析 …… 058

一、调查方法选择 …… 058
二、问卷调查说明 …… 058

三、样本农户情况分析 …… 059
（一）样本农户基本情况分析 …… 059
（二）样本农户借贷情况分析 …… 066
（三）样本农户参保农业保险情况分析 …… 068
（四）样本农户信誉情况分析 …… 069

第五章 农业保险信号传递效应分析及实证检验 …… 072

一、农业保险对农户信贷可得的作用机理与实证假设 …… 072
（一）农业保险作为农户还款能力信号的可行性 …… 072
（二）农业保险影响农户信贷可得的理论分析与实证假设提出 …… 073
（三）农业保险对最优贷款额度影响的理论分析 …… 076
（四）关于最优贷款额度的进一步讨论 …… 077
二、实证检验结果分析 …… 079
（一）数据来源、模型设计与变量度量 …… 079
（二）实证检验结果分析 …… 080

第六章 信誉信号传递博弈分析及实证检验 …… 087

一、信誉作为农户还款意愿信号的可行性 …… 087
二、信誉信号传递博弈分析与实证假设的提出 …… 088
（一）博弈模型基本假设 …… 088
（二）信号传递博弈模型构建 …… 089
（三）信誉信号传递博弈均衡分析 …… 090
三、实证检验结果分析 …… 097
（一）数据来源、模型设计与变量度量 …… 097
（二）实证结果分析 …… 099

第七章 农业保险、信誉二元信号组合实证检验 …… 106

一、农业保险、信誉二元信号组合实证假设的提出 …… 106
二、二元信号组合支持农户信贷计量模型的构建 …… 107

三、实证分析与假设检验 …… 108
（一）数据来源及二元信号相关性检验 …… 108
（二）单一变量检验结果分析 …… 109
（三）回归结果分析 …… 112

第八章　基于农户多元信号特征的数字普惠金融的实现 …… 117

一、数字普惠金融概述 …… 117
（一）数字普惠金融概念 …… 117
（二）数字普惠金融特征 …… 117
二、数字普惠金融主要发展模式 …… 119
（一）网络支付业务 …… 119
（二）网络借贷业务 …… 120
（三）互联网理财 …… 121
（四）互联网保险 …… 121
三、多元信号特征促进数字普惠金融实现的作用分析 …… 122
（一）缓解信息不对称程度，降低金融风险 …… 123
（二）精准画像助推产品和服务模式创新 …… 123
四、多元信号特征下数字普惠金融网贷交易实现路径设计 …… 123
（一）网络信息服务平台的搭建与管理 …… 125
（二）多元信号特征下农户线下信息线上化的路径设计 …… 125
（三）基于多元信号特征的网贷风险管理体系构建 …… 126

第九章　普惠金融实现过程中农户信号特征作用的案例检验 …… 129

一、案例分析目的和案例来源 …… 129
（一）案例分析目的 …… 129
（二）案例来源 …… 129
二、农业保险和信誉信号案例分析 …… 129
（一）兰考县普惠金融改革试验区：信誉变“现金”，无价也有价 …… 129

（二）安徽蚌埠："农业保险贷"助力现代农业远航 …… 135
三、数字普惠金融案例分析 …… 141
中国农业银行：惠农 e 贷，数字普惠助力新时代 …… 141

第十章 研究结论与对策建议 …… 147

一、研究结论 …… 148
（一）有关农业保险信号的研究结论 …… 148
（二）有关信誉信号的研究结论 …… 149
（三）有关农业保险与信誉二元信号的研究结论 …… 151
（四）基于多元信号特征的研究结论 …… 153
（五）案例研究结论 …… 153
二、对策建议 …… 154
（一）对政府部门的相关建议 …… 154
（二）对金融机构的相关建议 …… 156
（三）对农户的相关建议 …… 158
三、研究不足与展望 …… 158

参考文献 …… 160

重要术语索引 …… 177

图目录

图 1-1　本书的研究思路及技术路线 …………………………………… 011
图 2-1　信贷配给的完备分类 ………………………………………… 027
图 3-1　普惠金融体系服务目标群体（a） ………………………… 048
图 3-2　普惠金融体系服务目标群体（b） ………………………… 049
图 3-3　普惠金融体系框架构成 ……………………………………… 053
图 4-1　农户家庭常住人口情况 ……………………………………… 060
图 4-2　农户家庭男性人数情况 ……………………………………… 060
图 4-3　农户家庭在校学生人数情况 ………………………………… 061
图 4-4　农户家庭劳动力人口情况 …………………………………… 061
图 4-5　农户家庭外出务工人口情况 ………………………………… 062
图 4-6　农户家庭受教育程度情况 …………………………………… 062
图 4-7　农户家庭生产经营活动情况 ………………………………… 063
图 4-8　农户家庭经营耕地面积情况 ………………………………… 064
图 4-9　农户家庭总收入情况 ………………………………………… 065
图 4-10　农户家庭农业总收入情况 ………………………………… 065
图 4-11　农户未选择正规金融机构贷款的原因分析 ……………… 066
图 4-12　农户家庭获得正规借款情况 ……………………………… 067
图 4-13　农户未参保主要原因分析 ………………………………… 068
图 4-14　农户信誉他人评价情况 …………………………………… 070
图 4-15　农户信誉高低占比情况 …………………………………… 070
图 6-1　农户信誉信号传递动态博弈模型 …………………………… 090
图 8-1　基于农户多元信号特征组合的数字普惠金融网贷交易实现路径设计 …………………………………………………………… 124
图 8-2　“银政保担”四位一体风险分担体系 ……………………… 127

表目录

表 2-1　三种农村金融理论的政策主张 …… 019
表 2-2　共生模式矩阵 …… 022
表 5-1　变量定义及描述性统计分析 …… 079
表 5-2　按农户是否参保分组的子样本描述性统计及 T 检验 …… 082
表 5-3　农业保险与农户参保保费水平、信贷可得性和信贷额度关系的回归结果 …… 083
表 6-1　变量定义及描述性统计分析 …… 097
表 6-2（a）　农户是否高信誉与总收入之间卡方检验结果 …… 100
表 6-2（b）　农户是否高信誉与农业收入之间卡方检验结果 …… 100
表 6-3　按农户信誉高低分组的子样本描述性统计及 T 检验 …… 101
表 6-4　农户信誉高低、是否信用评级与农户信贷可得性、信贷额度关系的回归结果 …… 103
表 7-1　农业保险变量和信誉变量之间非参数相关性检验 …… 108
表 7-2　不同类型农户信贷可得性和信贷额度的独立样本（单样本）T 检验结果比较分析 …… 111
表 7-3　不同类型农户信贷可得性回归结果比较分析 …… 114
表 7-4　不同类型农户信贷额度的回归结果比较分析 …… 116

第一章

绪论

一、研究背景

发展农村经济既是我国全面建成小康社会的重要目标，也是构建社会主义和谐社会必须要解决的关键问题，而"三农"问题一直是我国农村经济发展的"重中之重"。2004 年以来，中共中央已经连续 17 年发布以"三农"为主题的"中央一号"文件。尽管侧重点有所不同，但目的都是促进农业现代化建设、发展农村经济和改善农民的生活水平。要实现上述目标，农村金融市场的健康发展必不可少。然而与城市金融相比，农村金融的发展相对比较缓慢，城乡二元经济结构的特征依旧比较明显。尤其在农村信贷市场上，由于农户自身的特性以及其居住的分散性，金融机构与农户之间存在明显的信息不对称，以及金融机构收集农户信息成本很高，这就直接降低了其对农户发放贷款的意愿，加之农户缺少合意的抵押品，正规金融机构通常难以有效控制信贷风险，往往附加诸多限制，从而导致农户受到不同程度的信贷配给（朱喜等，2006；李锐等，2007；刘西川等，2009；韩俊等，2009；褚保金等，2009；张龙耀等，2011；张三峰等，2013），金融抑制现象较为严重。

近年来，随着乡村振兴战略的推进，农村经济有了快速发展，农民的生活水平也不断提高，然而总体来看，农村金融仍然是我们金融体系中较为薄弱的环节，长期处于金融服务链的末端，各类经营主体的金融需求得不到有效满足，金融抑制现象仍然比较普遍。普惠金融政策的提出对我国农村金融抑制问题的解决具有重要意义。普惠金融（亦称包容性金融）一词最早是由联合国提出的。我国在 2006 年引入“普惠金融”的概念，之后普惠金融的观念和理论也受到中国政府和学者的高度重视。2013 年 11 月，中国共产党第十八届三中全会通过《中共中央关于全面深化改革若干重大问题的决定》，正式提出“发展普惠金融，鼓励金融创新，丰富金融市场层次和产品”。在推进普惠金融的改革实践中，首先要明确普惠金融体系服务的对象，普惠金融要体现“普民”和“惠民”的思想，其服务对象主要是农民、小微企业、城镇低收入人群等弱势群体。其中最大的困难群体是农民，工作重点依然是农村。因此，如何解决我国农村金融抑制问题是普惠金融目标实现的关键。

自普惠金融政策推行以来，我国农村金融市场的改革不断推进和发展。一方面，通过增加农村金融机构的供给，构建了多层次、广覆盖、有差异的银行金融机构体系，除了已有的中国农业发展银行、中国农业银行、中国邮政储蓄银行外，还逐步成立了农村商业银行、农村信用合作社等农村合作金融机构以及村镇银行、农村贷款公司和农村资金互助社等新型农村金融机构和组织，初步建立起了一个以多种金融机构为主体的多元化农村金融市场服务体系。另一方面，随着金融科技的进步，互联网金融也得到快速发展，蚂蚁金服、京东金融等互联网金融平台所开展的网贷业务有效拓展了普惠金融的服务半径，这在一定程度上对农村的金融抑制问题有所缓解。然而在农民看来，无论是农村金融机构供给的增加，还是互联网平台提供的网贷业务，都没有从根本上解决农户“融资贵”“融资难”的困境，金融抑制问题依然存在。究其根本，仍然在于金融机构与农户之间的信息不对称。由于农户信用信息建设相对落后，同时农户缺乏必要的抵押担保品，以及金融机构缺乏足够的信息和资源支撑，出于趋利避害的目的，金融资本很难自愿流入农村金融市场。此外，尽管互联网金融助力了普惠金融工作的推进，但其也只是针对有网上交易记录的客户开展业务，而没有网上信息的广大长尾农户仍然被排除在外。由此可见，在农户缺少有效抵押品的现实背景下，如何选择有效的农户多元信号特征信息，使金融机构能够区分出哪些农户具备还款能力且有还款意愿，是有效降低农户与金融机构双方信息不对称程度、增加彼此信任、缓解农户所受信贷配给、改善农村金融抑制现状、实现农村普惠金融目标的关键所在，也是学术界和理论界研究的重要问题。

二、研究目的

要解决农户金融抑制问题和实现农村普惠金融目标，关键在于解决农户与金融机构之间信息不对称的问题。与城市人口相比，银行对农村人口的资金实力、征信状况等缺乏足够的信息和数据支撑，这为风险管理带来困难。实际上，有关如何降低借贷双方信息不对称程度，从而提升涉农信贷效率的问题一直以来都是备受关注的话题。20 世纪 50 年代以来，学术界和实践界相继展开了关于发展中国家如何降低信贷市场借贷双方信息不对称程度的理论、机制和工具的探索，以期实现农村信贷市场的“帕累托改进”。始于 20 世纪五六十年代的信贷补贴理论，尽管初衷是想引入政策性资金，并通过低利率补贴来缓解农户贷款难问题，但结果却导致了更严重的逆向选择问题。20 世纪 80 年代后，农业金融市场论提出，要建立市场化的商业农村金融体系，这必然要求农户提供抵押担保品，然而在广大发展中国家的农村地区，农户缺乏有效的抵押品，加之金融机构的诸多限制，农户贷款需求仍然无法从正规金融机构得到满足。20 世纪 90 年代后，不完全竞争市场理论把信息不对称理论引入农村金融市场，并开始重视将农户自身特征信号作为抵押品替代来解决农村金融市场上的逆向选择和道德风险问题。尤其是近年来，由于互联网的快速普及和大数据时代的到来，科技金融得到快速发展，各大商业银行和电商平台纷纷建立了自己的网络平台为广大用户提供便捷的金融服务，这也为获得农户多元特征信号提供了便利。因此，如何借助互联网和大数据所带来的信息便利性，以及选择具有抵押品替代功能的农户信号特征或者信号特征组合，从而降低借贷双方信息不对称程度，对减少银行信贷风险和缓解农户所受信贷配给，以及在一定程度上解决农村金融市场金融抑制问题，进而实现农村普惠金融目标具有重要的研究价值。

本书正是基于以上研究目的，将普惠金融与金融抑制这一对立的概念联系起来，以博弈论中的信号传递理论作为理论依据，研究如何更好地利用农户信号特征来降低银行的信贷风险，以及如何增加金融机构涉农普惠金融服务的积极性和主动性，从而促进农村普惠金融目标的实现。本书首先是在文献归纳演绎基础上，分析农户自身特征因素；其次是在问卷调查基础上，选择能够真实反映农户还款能力和还款意愿的农户信号特征，并利用信号传递效应理论和信号传递博弈理论，研究不同信号特征的内在作用机理，以及实证检验其替代显著性；最后是在此基础上，又将一元信号进行组合，形成二元信号特征组合并实证检验其替代强度的增加程度，创新提出能够显示农户类型的多元信号特征组合，并在数字技术背景下，提出有效提取农户多元信号特征，以及促进普惠金融目标实现的路径选择，最终把不同质量、类型的农户区分开来，从而有效降低农户与金融机构之间信息不对称程度，力争突破单一信号易引致逆向选择和道德风险的困境，从而开辟农村金融抑制理论和实证研究的新视角。这将有助于缓解农户所受到的信贷配给，进一步增加农户的信贷效率，推动农业信贷资源配置的“帕累托改进”，从而解决农村金融抑制问题，实现农村普惠金融目标。

三、研究意义

本书主要是以如何缓解农村金融抑制为出发点，从农户抵押品替代视角选择有效的农户特征信号来反映农户的还款能力和还款意愿，从而降低金融机构与农户之间的信息不对称程度，增加金融机构的信贷意愿和信贷积极性，有效推进农村普惠金融目标的实现。基于以上研究目的，本书的主要贡献在于通过对农户农业保险和信誉一元信号以及农业保险和信誉二元信号特征组合的理论分析和实证检验，来说明二元信号组合比一元信号具有更强的信号显示能力，二元信号组合更能增加农户信贷可得性。就目前互联网和大数据背景而言，基于农户多元信号组合来推进数字普惠金融，不仅为增加农户信贷可得性提供了基础理论研究和实证研究支撑，也为更好地解决农村金融抑制问题，实现普惠金融目标提供了重要的理论和实践指导。

（一）理论意义

一直以来，农村金融抑制问题都是金融领域研究的热点问题之一，尤其是在当前农村普惠金融体制改革实践探索过程中，首先要解决的问题就是农民的“贷款贵、贷款难”问题。尽管众多学者从农村金融抑制的现状出发，对农村金融抑制的分类、形成原因以及解决之道进行了大量的学术研究，特别是近年来在普惠金融政策推动下，学者们对如何解决金融抑制问题有诸多探讨，但是相关研究仍存在如下问题：

第一，现有关于金融抑制和普惠金融理论的研究都各自相对独立，鲜有将缓解农户金融抑制和构建普惠金融体系这两者联系起来进行研究的，而实际上普惠金融和金融抑制是相互联系的两个概念，金融抑制阐述问题本身，而普惠金融阐述解决问题的思路和方法。

第二，在寻找解决农户金融抑制问题的方法上，学者们均是从农户整体信贷风险视角出发选择单一信号进行研究，由于单一信号反映的信息量有限，所以并不能有效反映农户信贷风险类型，农户的信贷风险主要源于其还款能力和还款意愿，如何基于农户的还款能力和还款意愿，从更为细致的层面选择农户信号特征来揭示农户类型，目前并没有相关研究。尤其是在互联网和大数据等信息技术的背景下，农户的多元信号特征选择具有可实现性，如何基于农户多元信号特征组合来设计农贷合同或者信贷产品，对于降低银行信贷风险，以及推进数字普惠金融的发展更具有研究价值。

第三，现有文献多数没有把金融机构与农户纳入同一理论框架下进行研究，现有研究要么从金融机构视角出发（林毅夫，2007），要么从农户视角出发（Abriel，1996；Wydick，2001；Jain，2003）进行研究，割裂了金融机构与农户的博弈关系。

鉴于此，本书将金融抑制与普惠金融这一对立的概念联系起来，将金融机构与农户纳入同一个理论框架中，首先，基于信号传递理论，从更为细致的层面将农户的信贷风险类型划分为还款能力风险和还款意愿风险，并在文献梳理的基础上，选择农业保险信号来揭示农户的还款能力，用信誉信号来反映农户的还款意愿，以信号传递效应理论和信号传递博弈理论为理论分析工具，分析农户农业保险信号和信誉信号对农户信贷可得性和信贷额度的内在作用机理，并给予实证检验。其次，为了提升一元信号的替代能力，在实证检验中，变一元信号为二元信号，实证验证二元信号的替代能力，以此推导多元信号组合的强抵押替代效应，并基于互联网和大数据等数字信息技术，给出农户多元信号组合下促进数字普惠金融目标实现的路径选择。最后，结合实际案例分析，提出有效解决农村金融抑制问题的思路和方法，这对丰富信号传递理论、拓展农村金融抑制理论研究的新视角、实现普惠金融目标具有重要的学术价值。

（二）现实意义

长期以来，我国独特的“城乡二元金融结构”特征使广大长尾弱势群体无法从正规金融机构获取适当的金融资源，尽管我国的金融体系改革在一定程度上对此情况有所缓解，但金融机构自主经营、自负盈亏的商业化发展模式决定其必然出于“自利”动机而避开高风险、低盈利的弱势领域，特别是中小企业、“三农”等领域的金融困境尤为突出。

农民在我国是一个庞大的社会群体，是“三农”问题的根本。要解决“三农”问题关键在于发展农村经济，改善农民的生活水平。目前，由于资源环境、经济状况、农户观念等多项因素的限制，农村农业产业化进程缓慢；规模化经营水平不高，严重妨碍了我国农业、农村经济发展和农村普惠金融目标的实现。近年来，随着农业的规模化、集约化的不断推进，农业新型经营主体对金融信贷的需求也越来越迫切，但由于双方信息的不对称，加之农户又缺乏有效的抵押担保等原因，一直以来，金融机构对农户的金融服务都极为欠缺，甚至在一些农村地区几乎是空白。就国内外农村经济发展的实践来看，走农业规模经营的道路必将有利于解决农业、农民问题，从而实现农村社会的全面发展。但对于分散的小农来讲，走农业规模经营之路无论是在固定资产投入上，还是在流动资金需求上都对金融资本更加依赖。这些年来，尽管随着普惠金融改革力度的加大，相关金融机构和地方政府不断加大金融支农力度，积极开展农村金融体制改革的探索和创新，但从总体上看，农村金融仍然是我国金融体系中最为薄弱的环节，长期处于金融服务链的末端，各类经营主体的金融需求得不到有效满足，金融抑制现象比较普遍。

要解决农村金融市场上的金融抑制问题，使农户能够享受到普惠金融服务的雨露甘霖，除了政府在政策上的推动以外，解决问题的出发点还在于如何降低金融机构的信贷风险，增加其信贷意愿和信贷积极性。目前，解决思路主要有两种：一是从农地承包经营权流转和农房抵押制度改革的角度出发，在政策层面使农户拥有有效的抵押品，从而降低信贷风险；二是寻求农户抵押品替代信号来降低金融机构与农户之间的信息不对称程度，从而使金融机构能够有效鉴别农户质量类型。然而，农地承包经营权流转和农房产权抵押需要解决承包权、经营权、房产所有权和土地所有权等诸多问题，这需要政策层面的逐步推进，目前尚处于试点探索期，但是，如果能够寻找到合意的农户抵押品替代信号，则农户与金融机构之间的信息不对称就会得到缓解。因此，在发展农村经济的过程中，如何选择和利用农户的抵押品替代信号以及抵押品替代信号组合，设计出基于农户多元信号特征的农贷技术，对于缓解农户所受到的信贷配给、提高农户的信贷可得性和信贷额度、满足农户信贷需求，以及解决农户融资难问题具有重要的现实意义。本书从金融抑制这一反向视角，基于信号传递理论，研究如何选择和彰显农户信号特征来增加金融机构的信贷意愿和信贷积极性，从而推动农村普惠金融改革的进程，使金融资源更好地向弱势地区、弱势群体配置。

四、章节安排、技术路线和研究方法

（一）章节安排

本书以如何缓解农村金融抑制问题，促进农村普惠金融目标的实现为出发点，在对河南省 63 个县域的 2200 家农户进行随机入户调查的基础上，从理论研究、实证研究、案例研究和对策研究四个方面来展开论证分析。

本书的具体章节安排如下：

第一章是绪论。本章首先主要介绍了本书的研究背景、研究目的和研究意义，从而引出本书的研究视角，阐述本书的研究价值；其次是章节安排、研究思路和研究方法，在此基础上，规划设计出本书的研究思路和技术路线图，对本书研究内容、思路和研究方法有一个全面的分析和把握；最后重点提出本书的创新之处。

第二章是理论基础和文献综述。理论基础部分主要对本书所依据的主要基础理论进行介绍，包括农村金融理论、金融抑制理论、普惠金融理论、金融共生理论和信号传递理论。文献综述部分主要围绕近年来国内外相关文献，对金融抑制理论、普惠金融理论进行文献综述，本书重点对反映农户还款能力的农业保险信号和反映农户还款意愿的信誉信号进行文献综述和评述。

第三章是普惠金融体系概述。金融抑制问题能否解决，直接决定着普惠金融目标能否实现。本章在分析金融抑制与普惠金融关系的基础上，对普惠金融体系进行简要的介绍，包括普惠金融体系的内涵与服务对象，普惠金融体系的目标及功能，普惠金融维度的划分与影响因素等，在此基础上，提出实现普惠金融目标的主要障碍。

第四章是农户借贷状况及信号特征调查分析。问卷调查法是本书采用的主要研究方法，本章主要介绍问卷调查法下调查问卷的设计情况、调查地分布情况，以及样本农户的基本特征情况、借贷情况、购买农业保险情况和信誉情况等描述性统计分析信息，并为接下来的第五章、第六章和第七章的实证检验提供基础数据支撑，此外还对访谈法中所进行的调研活动进行简要的介绍。

第五章是农业保险信号传递效应分析及实证检验。本章基于信号传递效应理论，通过构建参保农户与未参保农户净收益模型、银行净收益模型和借贷双方福利最大化的社会总效用模型，对农业保险在农户借贷中的信号传递效应进行理论推导，并据此提出相应假设，在问卷调查的基础上，通过独立样本 T 检验、构建 Logit 回归模型和 Tobit 回归模型，实证检验农业保险作为农户还款能力信号，对农户信贷可得性和信贷额度的影响程度。

第六章是信誉信号传递博弈分析及实证检验。本章基于信号传递博弈理论，对信誉作为农户还款意愿信号在农户借贷中所起到的信号传递效应进行研究，从揭示信号性质、信号强度以及信号成本等方面对该信号的显示机理进行理论推导，以期形成农户信贷的分离均衡、混同均衡和准分离均衡，并对引起均衡的条件进行分析，在此基础上，提出相应的研究假设，利用问卷调查数据，通过独立样本 T 检验、构建 Logit 回归模型和 Tobit 回归模型实证检验农户信誉信号作为农户还款意愿信号对农户信贷可得性和信贷额度的影响程度。

第七章是农业保险、信誉二元信号组合实证检验。第五章和第六章的研究证实农业保险与信誉具有信号传递效应，具有一定的抵押品替代能力，本章进一步将一元信号变二元信号组合，从多个方面揭示农户的质量和类型，从而增强一元信号的替代能力。对一元信号性质的全面把握是进行多元信号验证的前提条件，多元信号的性质有赖于一元信号性质的互相补充，因此，在第五章和第六章分析论证的基础上，本章分析了构建二元信号组合的可行性并提出相应假设，进一步通过实证对比分析农业保险、信誉二元信号组合后，相比一元信号下对农户信贷可得性和信贷额度影响程度是否增强，即二元信号替代能力的提高程度。首先，利用调查数据进行二元信号下的独立样本 T 检验、Logit 回归分析和 Tobit 回归分析，分析农业保险和信誉二元信号组合，对农户信贷可得性和信贷额度的影响以及影响强度的大小。其次，对一元信号下所得结论进行对比分析，从而验证基于农业保险和信誉二元信号的抵押品替代能力，是否比一元信号下有所增强，以此来检验本书的观点，进而推导出多元信号组合是对农户质量和类型全面显示的最优选择的结论。

第八章是基于农户多元信号特征的数字普惠金融的实现。互联网技术的快速发展和大数据时代的到来，为普惠金融体系目标构建提供了新的思路。互联网技术极大提高了信息传递的效率，而大数据分析使得银行获取农户有价值的多元信号特征成为可能。本章首先对数字普惠金融的概念和特征进行概述，并对数字普惠金融的主要发展模式进行探讨，在此基础上提出多元信号组合对促进数字普惠金融目标实现的作用与意义。然后对农户多元信号特征组合下数字普惠金融目标实现的途径进行探讨。

第九章是普惠金融实现过程中农户信号特征作用的案例检验。本书通过理论分析得出实证研究假设，并通过问卷调查实证检验了所提出的研究假设，本章通过真实发生的案例来对农户信号特征所发挥的作用进行现实检验，并在此基础上得出案例启示，目的在于对前面章节中所得到的研究假设和研究结论进行现实印证，从而更进一步生动细致地展现农户借贷中信号特征所发挥的真实作用。

第十章是研究结论和对策建议。本章首先对本书的研究观点进行总结，并对全文的理论研究结论和实证研究结果进行梳理和概括总结。基于以上的理论和实证研究结论，本章致力于从政策层面给出缓解农村金融抑制的建议和对策。具体分别从政府在政策和资金上，就如何促进农村普惠金融发展的宏观层面，金融机构如何拓展金融创新产品、发展农村普惠金融市场的中观层面以及农户如何彰显自身信号特征的微观层面，对缓解我国农村金融市场金融抑制问题提出政策建议，以增加农村金融市场资金供给，改善市场效率，缓解农村金融抑制，实现农村普惠金融目标。最后是研究的不足和展望，剖析本书的研究局限以及不足之处，并对未来将要开展的研究进行展望。

（二）技术路线

本书以规范研究为先导、以实证研究为佐证、以案例研究为现实检验，对信号传递理论下农村金融抑制问题进行研究。在农户缺少合意抵押品的现实背景下，本书以信号传递理论为工具，寻找可以反映农户还款能力和还款意愿风险的农户信号特征，替代或者部分替代抵押品，进而缓解农户的信贷配给问题。本书的研究思路和技术路线为：第一步是进行文献梳理，在对研究现状进行综述的基础上提出理论研究思路。第二步是问卷调查和实证检验，在问卷调查取得第一手资料的基础上进行实证检验，检验理论分析的结论。第三步是案例分析，通过真实发生的案例来对农户信号特征所发挥的作用进行现实检验，并在此基础上得出案例启示。第四步是对策研究，根据以上研究成果提出相应的对策和建议。具体的研究思路和技术路线如图 1-1 所示。

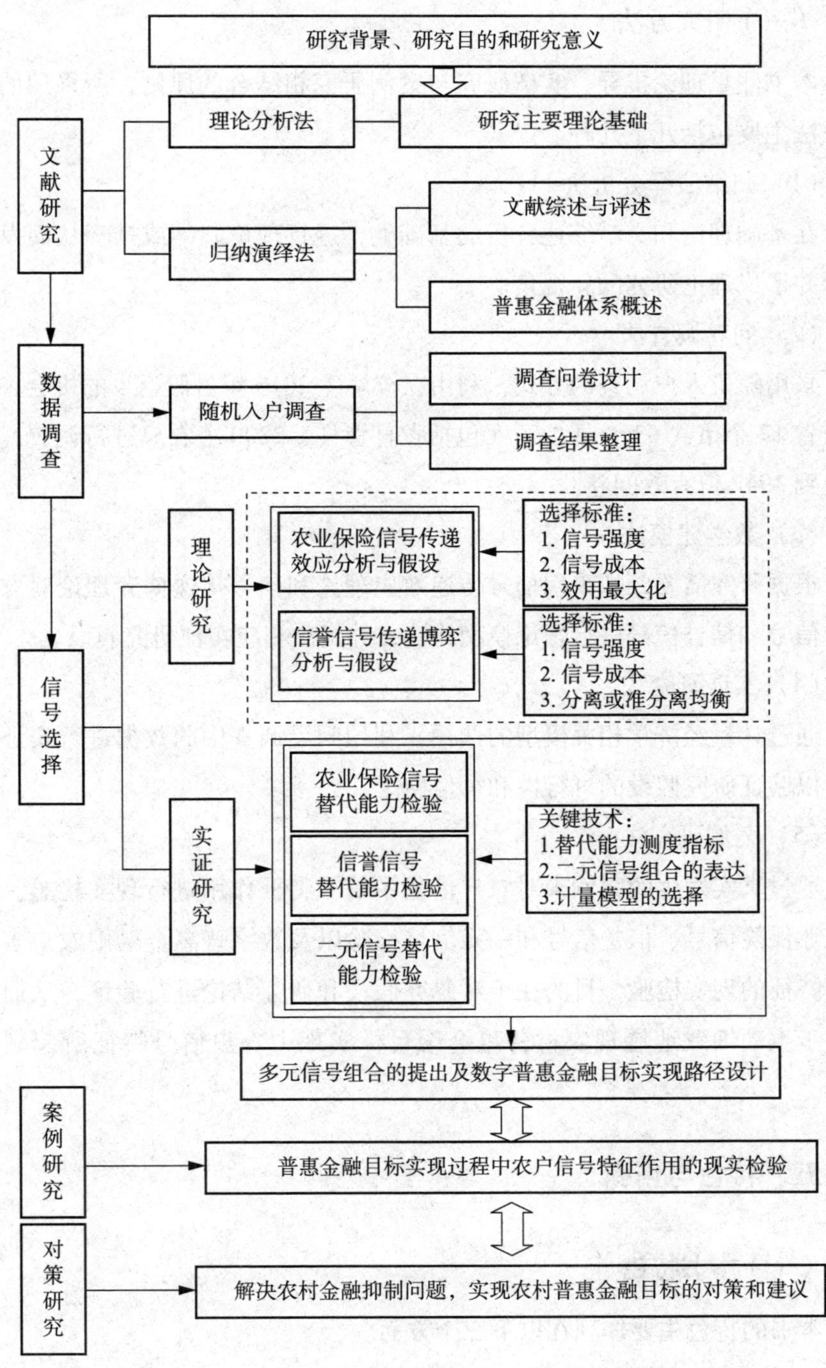

图 1-1　本书的研究思路及技术路线

（三）研究方法

本书注重理论推导、实证研究与案例研究相结合的原则，所采用的研究方法主要包括几下几种。

（1）归纳演绎分析法

在基础理论和文献综述分析的基础上，进行理论归纳或推理从而发现问题并形成理论研究的新视角。

（2）问卷调查法

采用随机入户调查的方式，利用在校学生 2016 年暑假返乡的机会，对河南省 17 个市共 63 个县、区（包括省直管县）2200 个农户进行调查，最终得到 1942 份有效问卷。

（3）数学建模法

根据研究需要，拟采用信号传递效应理论和信号传递博弈理论对农业保险信号和信誉信号进行理论模型构建，并提出相应实证研究假设。

（4）实证研究法

通过计量经济学相关模型的选择，利用问卷调查中的数据进行实证检验，以验证研究假设的可行性和可信性。

（5）案例研究法

通过真实发生的案例来对农户借贷中信号特征作用进行现实检验，包括农业保险信号、信誉信号和一元信号检验以及数字普惠金融中农户多元信号特征的现实检验，目的在于对研究假设和研究结论进行验证，从而更进一步生动细致地展现农村普惠金融目标实现中农户信号特征所起到的作用。

五、特色与创新

（一）本书特色

本书的特色主要体现在以下三个方面。

（1）选题上具有前沿性

发展农村经济是我国全面建成小康社会的重要目标，一直以来，农村金融抑制问题始终是阻碍农村经济发展的关键，如何改善农户与金融机构之间的信息不对称程度是解决该问题的根本途径。近年来，基于信息不对称理论，学术界和理论界展开众多探讨，农村金融抑制问题成为研究的热点，本书在相关研究基础上，基于信号传递理论对我国的金融抑制问题进行研究，从而助推普惠金融工作的整体发展，具有前沿性。

（2）研究内容上具有开拓性

本书主要通过信号传递效应理论和信号传递博弈理论对农业保险和信誉信号的传导机理进行研究并提出研究假设，并在此基础上提出构建二元信号组合来增强一元信号的替代能力，最终拓展为利用多元信号组合来全面反映农户的特征和类型，并基于数字信息技术构建农户多元信号组合下数字普惠金融目标实现路径，这些理念、机制和模型是本书的核心研究成果，具有原创性。

（3）研究视角上具有全面性

从农户与金融机构的视角出发寻找二者的合作解，突破了以往要么从资金供给者要么从资金需求者单方面视角来研究农村金融抑制问题的局限性。

（二）创新之处

第一，基于信号传递理论，提出利用农户农业保险和信誉作为农户还款能力和还款意愿抵押品替代信号来解决农村金融抑制问题的新思路。

第二，从农户与金融机构供需双方视角构建效用最大化模型和不完全信息动态博弈模型研究农业保险和信誉信号的内在作用机理，突破了以往单方面视角研究农村金融抑制问题的局限性。

第三，以农业保险和信誉一元信号的作用机理为基础，提出把一元信号组合成二元和多元信号，进而增强其抵押品替代能力的新观点。

第四，基于大数据等数字信息技术，给出农户多元信号组合下数字普惠金融目标实现的路径选择。

第二章

理论基础与文献综述

一、概念界定

1. 农户

农户是指居住在农村，从事农业生产劳动的常住户。按照不同的划分标准，农户可以被分为不同的类型，如按照收入来源和结构情况，可以将农户分为五类：创业户、劳务户、种养户、兼业户和扶贫户。按照生活水平可分为基本小康户、生活宽裕户、巩固提升户、精准扶贫户和政策保障户等。本书根据研究目的的需要，在参考其他相关研究的基础上，将农户定义为居住在农村，从事农业或者从事与农业相关的劳动（至少家庭成员中有从事），且具有一定收入的农村常住户。

2. 农户借贷

农户借贷有广义和狭义上两种。广义的农户借贷是指农户在生产经营或者消费的过程中向外部借出资金或者借入资金的行为，广义的农户借贷既包括向外部借出，也包括向外部借入。狭义的农户借贷仅指农户向外部借入资金的行为。本书对农户借贷仅从狭义的层面进行理解。从借贷渠道构成来看，农户借贷可以分为正规金融机构借贷和民间借贷。正规金融机构借贷是指农户向中国农业银行、中国邮政储蓄银行、农村信用合作社、商业银行、村镇银行等金融机构进行贷款；民间借贷是指农户向民间的行会、担保公司、亲朋好友等非正规金融机构进行贷款。本书所研究的农户借贷，主要是指由于资金短缺而产生信贷需求的农户从正规金融机构获得贷款，从而满足生产经营和消费需求的借贷行为。

3. 金融抑制

金融抑制理论最早是 20 世纪 70 年代初由美国著名经济学家 Ronald I. McKinnon（罗纳德·I. 麦金农）和 Edward S. Shaw（爱德华·S. 肖）提出的。他们以发展中国家为样本，研究了金融发展和经济发展之间的关系，并提出了发展中国家普遍存在金融抑制现象的观点。所谓金融抑制是指政府通过对金融活动和金融体系的过多干预抑制了金融体系的发展，而金融体系的发展滞后又阻碍了经济的发展，从而造成了金融抑制和经济落后的恶性循环（Mckinnon，1973）。麦金农所提出的金融抑制的概念主要是从国家政策视角从发，是政府过多的政策干预而导致金融和经济发展滞后，含义相对来讲比较宏观。目前，我国国内对农村金融市场上金融抑制问题的研究相对来讲更为具体。实际上，金融抑制包含了丰富的内容，除了常见的利率限制外，还有汇率管制、信贷配给、对直接融资市场的抑制等。对于农村金融市场来说，金融抑制问题等同于农户信贷配给。因为本书所研究的农户金融抑制问题相对来讲也比较具体，所以将农户金融抑制问题理解为农户信贷配给问题，即由于金融机构与农户之间信息不对称，金融机构为降低信贷风险对农户选择惜贷和不贷，使农户在现有利率水平上不能得到或者不能全部得到其所需贷款的现象。在微观含义下，农村金融抑制的表现形式主要有两种：一是农户有需求但借不到任何款项，需求完全得不到满足；二是农户有需求且能借到部分款项，其需求得到部分满足。

4. 普惠金融

普惠金额的概念最早是在 2005 年由联合国在宣传小额信贷年时首次提出的，联合国初步将其定义为：以可负担的成本为有金融服务需求的社会各阶层和群体提供适当、有效的金融服务。普惠金融概念的提出引起世界各国金融组织的广泛关注，社会各界对普惠金融概念的理解也逐步达成一致，其含义也更加丰富和完善，即在金融机构财务可持续、金融消费者成本可负担的前提下，通过政策扶持、市场竞争和金融创新，使中小微企业、欠发达地区、农户以及弱势群体逐步获得适当的金融产品和服务。2006年，世界银行扶贫协商小组又给出了普惠金融体系的概念，定义普惠金融体系是通过各种渠道，为社会上任一阶层提供金融服务的体系，尤其是那些被传统金融体系排除在外的广大贫困、低收入人群，向其提供包括储蓄、保险、信贷、信托等有差别化的金融服务，其核心是让所有人特别是弱势群体获得平等的金融权利。

5. 农业保险

农业保险是指专为农业生产者在从事种植业和养殖业生产过程中，对遭受自然灾害和意外事故所造成的经济损失提供保障的一种保险。一般分为两大类，一类是种植业保险，另一类是养殖业保险。种植业保险主要包括农作物保险、收获期农作物保险、森林保险、经济林保险、园林苗圃保险等；养殖业保险主要包括牲畜保险、家畜保险、水产养殖保险、其他养殖保险等。本书所研究的参保农业保险农户，指的是参保上述险种的农户。

6. 信誉

"信誉"一词的中文解释为诚实守信的声誉，在英文中的对应单词为"reputation"，也可翻译为声誉。与信誉密切相关的一个词是信用，信誉和信用既有联系又有区别。两者的联系在于信誉是个人信用行为长期积累的结果，只有当交易主体通过大量的信用行为获得社会的广泛认可后才能升华为个人信誉。两者的区别主要为以下几点：第一，信誉反映的是个人品行和诚信状况，是个人特征和形象标识，而信用反映的是权利和义务关系，是指交易行为与约定或承诺的内容一致（马本江，2008）；第二，信誉内生于个人的道德品质，信誉水平的高低取决于社会评价，而信用是互生的，既有投信方，又有受信方，信用水平的高低取决于信用记录和信用交易行为；第三，信誉是信用的内在思想基础，是个人的无形资产，而信用是信誉的外在行为表现，是一种交换的手段。鉴于此，本书将信誉和信用视为不同的概念予以区分，并且鉴于目前我国农村信用市场征信体系尚不完善的情况，研究农户信誉更具有意义，因此，本书选择农户信誉作为研究主体。

二、理论基础

（一）农村金融理论

在农村金融理论的发展演变过程中，主要出现了农业信贷补贴论、农村金融市场论和不完全竞争市场理论三大学派。

1. 农业信贷补贴论

农业信贷补贴论是最早的农村金融理论，始于 20 世纪五六十年代，是 20 世纪 80 年代以前处于主导地位的农村金融理论。农业信贷补贴论强调政府在农村金融市场上的主导地位，倾向于利用政府的介入来解决资金短缺问题，即通过大量政策性资金的注入，并提供低息贷款优惠来提供金融支持，从而促进农村经济发展。

尽管农业信贷补贴论的设计初衷是好的，但是经过实践后证明，政府向农户提供低息贷款优惠的初衷并没有得到很好的践行，给散户贷款往往面临较高的交易成本，低息贷款的主要受益人最终被集中转移到使用大笔贷款的较富有的农户身上，导致逆向选择行为，并且由于贷款用途的可替代性，低息贷款使用大都偏离了预定农业项目（林毅夫，1994；蔡四平等，2007）。同时，由于存在政府支持，农业信贷机构经营责任有限，所以也就缺少有效监管借款者投资和借贷偿还的动力，从而造成故意拖欠贷款的结果，进一步加剧农村金融机构惜贷和不贷的局面。综上所述，始于 20 世纪五六十年代的农业信贷补贴论尽管初衷是想通过低利率补贴来缓解农户贷款难问题，却导致了更为严重的逆向选择问题，并没有真正从根本上解决农户金融市场上资金短缺的问题。

2. 农村金融市场论

20 世纪 80 年代以后，农村金融市场论被提出。该理论主张农村金融市场也应建立竞争性的市场调节机制，并且该学派学者提出了与农业信贷补贴论完全相反的观点。该理论认为农村金融市场应建立利率自由化的市场机制，不应有政府外部资金的过多干预，主张建立市场化的商业农村金融体系，这样才能有效调动农户存款的积极性，并使农村金融机构经营补偿其经营成本，能真正承担起农村金融中介组织的角色和功能，从而为农户提供金融支持。

农村金融市场论主张建立农村商业性金融体系，从这个角度来讲，农村金融与城市金融没有实质性的差别。然而，完全靠自由市场调节的农村金融市场就一定能解决信贷补贴理论下信贷资金的逆向选择问题吗？散户就一定能像大户一样得到其想要的信贷资金吗？答案是否定的，高的交易成本以及农户抵押担保品的缺乏，使农户依然面临信贷配给不足问题。

3. 不完全竞争市场理论

20 世纪 90 年代以后，农村金融市场论也受到了挑战，因为市场机制的引入并没有从根本上解决农村信贷市场上的信贷配给问题。人们发现，为建立有效的农村金融市场，政府介入是必需的，但显然不是农业信贷补贴论所倡导的观点。不完全竞争市场理论的提出为解决信贷配给问题提供了新的思路。在该理论领域具有开创性贡献的是约瑟夫·斯蒂格利茨（Joseph Eugere Stiglitz），他所提出的不完全竞争市场理论以及信息不对称理论至今影响深远，他所提出的信息经济学分析工具也成为金融市场分析中的常用工具。不完全竞争市场理论的主要观点认为农村金融市场，尤其是发展中国家的农村金融市场，并不是一个完全竞争的市场，金融机构与借款农户之间存在着较为普遍的信息不对称，即市场失灵，因此，要想在农村建立完全竞争性的市场调节机制是不大现实的。为了弥补市场失灵，政府对农村金融市场的介入是必需的。但是这与农业信贷补贴论中所倡导的政府介入有明显的不同，不完全竞争市场理论认为政府的介入能够克服市场失灵情况下所产生的问题，排除阻碍农村金融市场有效运行的障碍。

不完全竞争市场理论把信息不对称理论引入农村金融市场，并促使人们对非市场因素等方面展开讨论。相关研究表明，非市场因素的介入能够有效地提高金融市场的效率，降低金融机构与农户之间信息不对称程度。而非市场因素除了包括借款人提供的抵押品外，还包括农户自身特征等抵押品替代。于是，解决农村金融市场信息不对称问题有两种不同思路：一是从政策层面使农户拥有金融机构合意的抵押品；二是寻求能反映农户质量的抵押品替代信号。由于我国农业经济本身的特征和土地政策的实际制度环境，我国农户无法提供金融机构合意的抵押品。基于此，寻求抵押品替代成为解决我国农村金融市场信息不对称问题的有效选择（见表 2-1）。

表 2-1　三种农村金融理论的政策主张

	农业信贷补贴论	农村金融市场论	不完全竞争市场理论
政府干预必要性	必要	不必要	在市场机制失效范围内是必要的
利率管制的必要性	管制	市场决定	放松管制（实际利率应为正数）
贷款资金的筹集方式	由外部注入	靠内部积累	有内部积累，也有外部供给
对金融机构管制的必要性	必要	不必要	初期必要，后期应放松
贷款运作方式	指导性贷款	商业银行	与非正规金融合作运作
专项贷款有效性	有效	无效	方法适当有效
对非正规金融机构的评价	扰乱金融秩序，弊端多	对正规金融的有效补充	对正规金融的有效补充，应注意引导

资料来源：黄海云．中国农村金融体制改革研究［D］．厦门：厦门大学，2006.

实践证明，社会资本、小组联保和农户收入等农户抵押品替代要素具有农户质量信号传递功能，与之相关的关系型信贷、联保贷款等在欠发达国家和地区被广泛采用和推广。本书依据不完全竞争市场理论，以信号传递理论为理论分析工具，选择农业保险和信誉作为农户还款能力和还款意愿的抵押品替代信号，探讨解决农村金融市场信息不对称问题的有效方法。

（二）金融抑制理论

长久以来，资本匮乏被认为是发展中国家经济发展迟缓的原因。然而，发展经济学家麦金农却提出了不同的观点，他认为发展中国家的贫困，不仅在于资本稀缺，更重要的是金融市场的扭曲造成了资本利用效率低下，从而抑制了经济增长，并由此提出金融抑制（financial repression）理论。他认为发展中国家为压低存贷款利率最终导致金融市场调节资金供需能力丧失。在资金短缺的情况下，金融机构往往选择“抓大放小”，使资金流向政府机构、国有大中型企业，而对急需资金的中小企业和农民实施信贷配给，从而导致资本利用效率低下，最终造成农村金融抑制现象，阻碍了经济的发展。同期，爱德华·S. 肖在麦金农金融抑制理论基础上又提出了金融深化（financial deepening）理论。他指出发展中国家经济发展缓慢也是由于存在金融抑制，而解决之道在于“金融深化”，即政府要放松管制，金融市场要适度放开，使利率市场化，以便能够真实地反映出市场上资金的供求变化，由市场来决定资金的流向，这样才能促进资金的合理配置，提高资金的使用效率，并最终促进经济发展。

麦金农和肖所提出的金融抑制现象在发展中国家的农村更加突出，正是由于农户生产经营的分散性和生产要素配置的不合理性，农户在信贷市场上经常处于弱势地位，他们往往难以从正规金融机构获得足够的借款资金。经营资金供给的不足会进一步减缓农户经济发展的速度，加大城乡二元化差距，因此，如何促使正规金融机构增加对农户的资金支持，有效改善农村金融抑制程度，促进农村经济健康发展具有重要的现实意义。

（三）普惠金融理论

普惠金融理论是由小额信贷理论演化而来，普惠金融也是小额信贷和微型金融进一步延伸的产物。小额信贷尽管以市场方式满足低收入者、小型企业的生存发展需求而开辟了减轻贫困的新渠道，并且促进了金融体系的均衡发展，但是小额信贷由于提供的信贷额度较小和覆盖范围有限，其无法实现大规模的可持续发展。虽然微型金融尽管在服务对象、产品的范围和提供者的范围上均有所扩大，但依然是处于被孤立和被边缘化的地位，无法实现金融的包容性和可持续性发展。进入 21 世纪以后，各国的微型金融机构纷纷向全面化的金融服务方向发展。2005 年，在小额信贷和微型金融发展的基础上，联合国首次明确提出了“普惠金融”这一概念，其宗旨是致力于帮助社会所有阶层和群体，尤其是广大中小企业、农户和低收入人群等弱势群体更充分地参与到金融体系中去，通过提供运作良好、高效的金融服务，提升他们的社会、经济能力，从而使每个人都有机会分享经济发展成果和金融利益。与以往小额信贷和微型金融中单纯的信贷扶贫理念不同，普惠金融理论有其独特之处。第一，普惠金融强调的是主流金融体系的包容性，从国家战略的高度认同为弱势群体服务，也是主流金融体系金融服务的重要组成部分，把给贫困群体提供的金融服务融合到金融体系的所有层面当中（包括客户层面、微观层面、中观层面和宏观层面），使受到金融抑制的群体获得合理的金融服务；第二，普惠金融还强调金融服务的多样性，除小额信贷外，还包括保险、资本市场、租赁担保等其他金融服务，因此，其内涵更加丰富，涉及更广泛的制度创新、组织创新和服务创新；第三，普惠金融更具有金融伦理性，体现出包容性发展和企业社会责任。普惠金融理论的主旨就是要实现社会公平，促进社会发展。因此，普惠金融的出发点是致力于保护低收入者的平等权利，消除金融歧视，给弱势群体提供与其他客户平等享有现代金融服务的机会和权利。也就是说，无论是何种类型的弱势群体，凡是被主流金融体系所排斥的，都是普惠金融体系要包容和惠及的对象，构建普惠金融体系的目的，就是解决现实中各类弱势群体所面临的金融抑制问题。

（四）金融共生理论

"共生"一词源于希腊语，而共生理论最早是由德国的生物学家德贝里于 1879 年提出的，他认为出于生存的需要，生物体之间必然按照某种方式互相依存、相互作用，形成共同生存、协同进化的共生关系（丁焕强，2006）。20 世纪五六十年代以后，共生理论的思想被学者广泛应用，共生理论逐步拓展到人类学、社会学、管理学、经济学等领域。在金融学领域，共生理论得到了较大的发展。所谓金融共生是指规模和性质各异的金融组织之间、金融组织与各种企业之间、金融组织与区域经济之间在同一共生环境中通过交互式作用实现和谐发展，达到包括金融组织在内的整个经济区域的可持续发展（袁纯清，1998）。金融共生体间出于共生关系而形成多元化、相关性和整体性的共生系统，这个系统所产生的能量远比非共生条件下共生单元所产生的能量要多，在经济关系中，就表现为经济共生体中的参与者自身发展与抵御风险的能力增强和净利润的增加。

金融共生系统包括金融共生单元、金融共生模式和金融共生环境三个要素。首先，金融共生单元是金融共生系统的参与主体，是共生能量的产生和交换的基础单位。金融共生单元具有多元化的特征，既包括资金供给者（银行和非银行金融机构），也包括资金的需求者（企业、自然人等），甚至还包括各种担保、信用评级、征信等中介机构。不同性质金融共生单元相互之间交互作用，形成协同发展的共生关系。其次，金融共生模式则是共生单元相互作用的方式。共生模式分为两种：一种体现共生系统内部组织程度，被称为共生组织模式；另一种则体现行为方式的不同，称为共生行为模式。这两类模式如果有效地结合，将使金融共生体处于稳定的状态，并能促进其整体发展。共生模式从行为和组织两方面相结合可划分为16种共生模式（见表2-2），金融共生模式最终应向一体化的对称性互惠共生方向优化。最后，金融共生单元以外所有因素的总和构成的生态环境即是金融共生环境，包括经济环境、法律环境、社会文化环境、基础设施状况等。金融共生环境为共生单元之间共生模式的进化提供必要的共生支持。共生环境为共生单元提供良好的生存环境，共生单元为共生环境的改善和发展提供目标、方向和能量，两者之间如能相互促进、协调发展，就能很好地促进共生模式的优化和共生体整体的发展。

金融共生系统内部三元素之间彼此联系、彼此影响，构成了一个完整的共生体系。其中，共生单元是根本，共生模式是关键，共生环境是支撑，正是三者之间的相互影响，互为补充，使得整个金融系统的效益都得到提高。

表2-2 共生模式矩阵

行为模式/组织模式	点共生模式 M_1	间歇共生模式 M_2	连续共生模式 M_3	一体化共生模式 M_4
寄生模式 P_1	S_{11}（M_1，P_1）	S_{12}（M_2，P_1）	S_{13}（M_3，P_1）	S_{14}（M_4，P_1）
偏利共生模式 P_2	S_{21}（M_1，P_2）	S_{22}（M_2，P_2）	S_{23}（M_3，P_2）	S_{24}（M_4，P_2）
非对称性互惠共生模式 P_3	S_{31}（M_1，P_3）	S_{32}（M_2，P_3）	S_{33}（M_3，P_3）	S_{34}（M_4，P_3）
对称性互惠共生模式 P_4	S_{41}（M1，P_4）	S_{42}（M_2，P_4）	S_{43}（M_3，P_4）	S_{44}（M_4，P_4）

资料来源：袁纯清．共生理论及其对小型经济的应用研究［J］．改革，1998，（2）：103.

综上所述，金融共生系统是一个有多个金融共生单元相互作用、彼此影响的金融共生整体。本书中所涉及的银行业、保险业、信誉评价机构和农户满足了金融共生系统具有的多元性、相关性和整体性的特征。这四类金融共生单元彼此联系、彼此相关，银保合作降低了银行的信贷风险，实现了风险管理互补，增加了农户的信贷可得性，征信业的发展降低了银行和保险机构与农户之间信息不对称程度，提高了银行信用贷款的效率和参保人信息透明度，降低了保险业的骗保率。农户在征信体系下会更加看重自身的信誉，在参保前提下，在一定程度上保证了自身的收入稳定性，从而更有利于获得贷款来扩大再生产。由此可见，银行业、保险业、信誉评价机构与农户之间是互惠共生的，在外界共生环境的支撑下，各方必将协同发展。

（五）信号传递理论

信号传递理论是解决信息不对称中逆向选择问题的重要理论依据，是主要探讨在信息不对称情况下，企业怎样通过适当的方法向市场传递有关企业价值的信号，以此来影响投资者决策的理论。

关于信息不对称中逆向选择问题的研究当属阿克尔洛夫对于二手车市场的研究最著名，如今，“柠檬效应”一词已经成为经济学中关于劣等品市场的一个专用名词。阿克尔洛夫以二手车市场为例进行研究发现，如果在市场中，卖方掌握比买方更有利的信息，则其就会传递虚假的信息，以次充好，最终导致好的商品遭受淘汰，而劣质品充斥市场，造成市场萎缩或者崩溃。此外，阿克尔洛夫还指出，类似的逆向选择问题在发展中国家尤为普遍。

信号传递理论中最具代表性的是斯彭斯的劳动力市场博弈模型。斯彭斯在 1974 年的论著《市场信号：雇用过程中的信号传递》中首次将教育水平作为“信号传递”的手段，研究其在劳动力市场上的作用，斯彭斯的基本结论是学历具有信号传递功能，高能力的雇员获得学历的成本比低能力的雇员获得同样学历的成本要低，这样雇主就可以通过学历分离出两类雇员。信号传递博弈理论的基本前提是信号发送者之间在传递信号时其信号成本是不同的，这样具有信息优势的一方就会有动力为了避免产生逆向选择问题而向信息劣势方传递可信的信号并最终实现有效率的市场均衡。

信号传递理论在公司财务领域得到广泛应用始于罗斯（1977）的研

究，他指出，由于企业内部经营者与外部投资者之间存在信息的不对称，内部经营者拥有企业经营风险和未来收益的大量内部信息，而投资者没有这些内部信息，所以投资者只能根据经营者传递出来的信息来评价企业的市场价值，而经营者可以通过资本结构或股利政策的选择向潜在的投资者传递信号。

斯蒂格利茨是信号传递理论和信息不对称市场理论研究上的集大成者。其关于保险市场、信贷市场的研究至今都是经典。他的模型和分析方法也已成为信息经济学领域规范的研究方法。斯蒂格利茨与罗斯卡尔德（Rothschild）合著的经典文献《竞争性保险市场均衡：不完全信息经济学短论》中，斯蒂格利茨论证了在保险市场上，由于保险公司对客户风险状况信息的不知情，为了降低经营风险，保险公司会通过提供“较高的未保险额与较低的保费组合”合约，以此来激励客户自行披露有关自身风险状况的信息。关于信贷市场的研究始于斯蒂格利茨与安德鲁·魏斯（Andrew Weiss）在1981年合作发表的论文《不完全信息市场上的信贷配给》，该文献创造性地分析了信贷市场中由于信息不对称引起的逆向选择和道德风险问题。斯蒂格利茨与安德鲁·魏斯认为银行降低坏账损失的最优策略不是提高贷款的利率，而是对贷款实施信贷配给。他们的观点更好地解释了现实世界普遍存在的信贷配给现象，对金融市场理论和宏观经济学的研究产生了巨大的影响。

信号传递理论为解决信息不对称市场上的逆向选择问题提供了有效的思路和方法，尤其在发展中国家农村金融市场上，农户特有的生产特性和居住分散的特点，加剧了金融机构与农户之间信息不对称的程度，因此，如何选择有效的农户信号，来揭示农户类型和特征，从而降低金融机构与农户之间信息不对称程度，对缓解农村信贷配给，增加农户信贷可得性具有重要的意义。本书基于信号传递理论，选择农业保险和信誉作为反映农户还款能力和还款意愿的信号，探讨其对农户类型和质量的信号传递作用，以及最终对农户所获得金融机构贷款可能性以及贷款额度的影响。

三、文献综述

（一）金融抑制文献综述

有关金融抑制，国内外学者进行了广泛和大量的研究，研究视角各有不同，主要可分为金融抑制状况分析、完备分类、形成原因和解决之道几个方面。

1. 金融抑制状况分析

对于金融抑制状况，早在 1973 年，麦金农和肖就曾通过研究发现发展中国家普遍存在金融抑制问题。Pischke，Adams，Donald（1987）选择拉丁美洲、亚洲和非洲若干发展中国家为研究对象，对其农村信贷市场进行了分析，发现只有很少的一部分农户能够从正规金融机构获得贷款，其中拉丁美洲和亚洲国家的农户信贷可得性为 15%，而非洲国家的农户信贷可得性仅为 5%，并且都以大规模经营农户为主，小规模经营农户几乎不能获得正规金融机构贷款。Kochar（1997）对印度农户进行研究发现，印度的农村金融市场同样面临信贷配给。近年来，中国农村金融市场上金融抑制问题也备受关注，刘晓丽（2008）通过构建转换回归模型和处理效应模型，利用 1995 年世界银行在河北省和辽宁省的农户问卷调查数据实证检验了中国农村金融市场上的金融抑制问题。李锐和朱喜（2007）利用 Match 模型实证分析了我国农村金融市场上的金融抑制程度以及由此引起的福利损失的多少，研究发现，我国农村金融抑制程度非常严重，达到 70.92%，由此而引起的农户福利损失为 15%。我国农村的金融抑制问题确实存在，各地政府也纷纷从政策和措施上积极推动各种改革。一方面加大农村金融机构的供给力度，除了农村金融市场上现有的中国农业发展银行、中国农业银行、中国邮政储蓄银行和农村信用合作社外，新增了大批包括村镇银行和农村资金互助社等农村银行类金融机构；另一方面加大金融产品和服务的开发力度，增加各种普惠金融服务项目。尽管以上措施在一定程度上对农村的金融市场发展具有一定的推动作用，也缓解了农村金融抑制状况，但是在农户看来，金融机构的供给和金融产品的提供并没有从根本上解决农户金融抑制的现状，“有机构、缺服务”“有制度、缺执行”“有存款、缺贷款”现象依然十分严重（李似鸿，2010）。如何降低金融机构的进入门槛，真正实现普惠金融服务是未来农村金融市场发展的关键。

2. 金融抑制的完备分类①

农村金融抑制的表现形式为信贷配给。信贷配给是指，即使借款者愿意支付信贷合约中的所有价格和非价格条件，其信贷需求仍得不到满足（Baltensperger，1978）。对金融抑制的分类就是对信贷配给进行完备分类。长期以来，对农户信贷配给的研究主要集中在供给层面。早期的研究更是将数量配给（quantity rationing）作为主要的甚至唯一的信贷配给方式，即在给定利率水平下贷款者实际贷出的数额小于能够放贷的数额。国内学者朱喜、李子奈（2006）在数量配给的基础上，又提出了另一种配给方式：服务配给（access rationing），即银行拒绝向具有贷款需求的农户提供信贷服务。显然，这种将信贷配给集中在供给层面的研究有些过于狭隘，Boucher（2002）将研究范围进行了拓展，他指出，除了供给配给外，农户信贷中还存在风险和交易成本配给，随后其通过经验研究证实了这两种信贷配给方式的存在（Boucher，2002；Boucher et al.，2005）。风险配给是指由于借款农户认为信贷合约风险过大，害怕失去抵押品而放弃贷款申请。交易成本配给则是由于贷款人将甄别、监督以及与合约实施有关的交易成本传递给借款者以及借款者本人所感知的借款交易成本（如借款要请客、送礼等）过高而放弃贷款申请。Boucher 等的贡献在于将风险配给、交易成本配给与数量配给严格区别开来，从而将信贷配给定义范围从供给层面拓展到了需求层面，并提出了六种信贷配给类型：借贷型价格配给、未借贷型价格配给、完全数量配给、部分数量配给、风险配给和交易成本配给。但是以上分类均是以农户已发生的信贷经历为基础进行度量，忽略了由于农户自身原因而放弃了贷款申请人的信贷意愿，也就是在需求层面，还存在农户自身的自我配给，而相关研究也发现，潜在的信贷需求者

① 王性玉，任乐，赵辉．社会资本对农户信贷配给影响的分类研究——基于河南省农户的数据检验［J］．经济问题探索，2016（9）：172-181.

会因为“感觉去贷款会遭到拒绝，即使申请了也得不到”而放弃申请（Baydas et al.，1994；Petrick，2004；Boucher et al.，2005），我们称之为自我实施型信贷配给。

本书借鉴国内外学者的分类方法，提出有关信贷配给的完备分类，如图 2-1 所示。

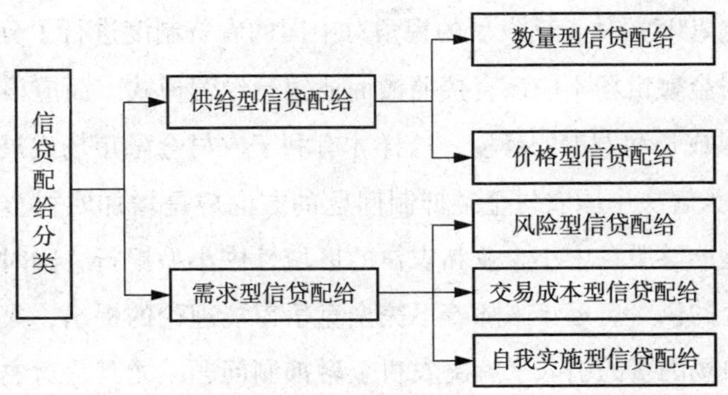

图 2-1 信贷配给的完备分类

3. 金融抑制产生的原因

对于金融抑制产生的原因，国内外学者也进行了大量的研究，麦金农和肖认为发展中国家存在“金融抑制”现象是因为“在经济欠发达国家或地区，金融市场机制严重扭曲，经济货币化程度较低，信用工具很少，货币与实际资本之间只是互补关系而不是替代关系，人们不会借钱投资”。Yazdani 和 Gunjal（1998）通过采用 MDA 模型对农户的实际信贷需求进行了统计分析，研究发现，职业技能训练、真实收入水平和农户受教育程度是影响农户信贷需求的主要因素，此外，大规模经营的农户更容易得到正规金融机构贷款。Claudio Gonzalez Vega（2003）对发展中国家农村金融市场存在的主要问题和农户贷款难问题进行了分析，其认为解决问题的关键在于农村金融市场要进行金融深化并提供足量的金融机构供给。潘理权、姚先霞、包青（2008）研究发现“我国农村金融存在‘双失灵’现象，即市场失灵和政府失灵。农村金融的‘双失灵’现象导致农村金融市场的发展滞后。要解决农村金融的‘双失灵’就必须正确处理政府和市场的关系，从合理确定政府边界和培育农村金融市场入手”。田霖（2011）认为农村存在金融抑制的原因在于金融排斥。周立（2012）在田霖观点的基础上，将金融排斥进一步细化为评估排斥、自我排斥、地理排斥、价格排斥和条件排斥，并从地理金融学视角提出了具体的建议。

4. 金融抑制的解决之道

张杰（2005）从长期发展的视角对中国的农贷制度进行了分析，其认为中国农村金融市场不应该直接照搬商业银行经营模式，而应该给“内生金融”提供成长和发展的环境，这样才有利于农村金融市场发展。林毅夫（2007）认为解决中国农村金融抑制问题的方向应是增加农村金融机构供给，尤其是能够服务中小企业和农户的区域性中小型银行，同时应增加涉农信贷资金的供给。近年来随着不完全竞争市场理论的提出，人们开始关注通过非市场因素的引入来解决农村金融抑制问题，尤其是对农户信号特征的研究。相关研究表明，社会资本、小组联保等信号能够有效传递农户特征，在一定程度上缓解农户所受到的金融抑制。此外，农户的收入结构特征对农户类型也具有信号传递作用，张悦（2013）的研究表明，农户的收入结构中非农收入占的比重较大时能够增加其信贷可得性和信贷额度。

综上所述，国内外对金融抑制的研究主要从金融抑制的现状分析、完备分类、产生原因和解决之道几个方面展开，并取得了大量的研究成果。通过文献综述，本书发现对金融抑制问题的研究，尤其在寻求解决之道上存在以下不足。

第一，尽管相关研究证明社会资本、小组联保和农户收入结构等农户特征具有抵押品替代功能，对缓解农村金融抑制问题起到一定的作用，但均为单一信号的研究，由于单一信号反映的信息量有限，并不能有效反映农户信贷风险类型，所以缓解作用有限，如果将一元信号组成二元信号组合，则会进一步增加信号强度，从而有效区分农户类型，降低银行信贷风险。

第二，现有研究均为从农户整体信贷风险视角出发选择农户的信号特征进行相关研究，但农户的信贷风险主要来源于其还款能力和还款意愿，如何基于农户的还款能力和还款意愿，从更为细致的层面来选择农户信号特征揭示其类型目前并没有给予研究。

第三，在具体实践上，近年来尽管国家和各地政府都在积极地推动农村金融市场改革，加大农村金融市场的政策推进力度，增加农村金融机构的供给，但在农民看来，农村金融机构供给增加并没有从根本上解决农村金融抑制问题。由此可见，问题不仅是出在农村金融机构数量少上，而且是如何让金融机构有动力将贷款发放到有需求的农户手中，然而，农户生产经营的特点和农户居住分散的属性，使金融机构单笔业务边际成本过高，利润微薄，从而导致农村市场上的金融机构失去拓展农村市场的动力，大量金融机构撤出农村金融市场，即使有金融机构驻留在农村金融市场，也大多是为了吸收存款，转而贷给能给金融机构带来丰厚利润的国企或大型企业，进一步导致农村金融资金外流，金融抑制问题更加严重。由此可见，如何降低金融机构开展农村信贷业务的交易成本，提升其发放贷款的动力是目前亟待要解决的关键问题。

本书的研究试图弥补以上不足。本书拟从农户还款能力和还款意愿出发，寻找反映该能力和意愿的农户信号特征。还款能力是指农户有足够的资金保障来偿还贷款，一般通过农户所获得的经营收入来反映，但是农业经营的不确定性使农户的生产经营面临产量和价格风险，从而使经营收入不稳定。近年来，自然灾害风险尤为严重，农作物遭受台风、冰雹、干旱、病虫害和洪涝等自然灾害的概率普遍上升，给农户造成了直接经济损失，加重了农户的经济负担，同时使农户的还款能力不能得到有效保障，信贷风险进一步增加。而农业保险的引入能够对农业生产中的不确定性风险进行担保，从而降低农户收入的不稳定性。因此，本书选择农业保险作为农户还款能力的特征信号。还款意愿是指借款人有主观偿还债务的责任感和态度，这是由个人的品质和信誉所决定的，因为如果借款人有较强的还款意愿，即使没有偿还能力也会选择借钱来偿还到期债务。高还款意愿要求借款人必须是诚实可信的，具有能够主动承担负债期间各种义务的责任感，并均有偿还债务的主动性。鉴于此，本书选择信誉信号来作为农户还款意愿的特征信号。综上所述，本书以农业保险来反映农户还款能力，以信誉来反映农户还款意愿，从更为细致的层面来反映农户的信贷风险，并将二者进行有效结合形成二元信号组合从而创新农贷技术设计，这将有助于降低金融机构与农户间信息不对称程度，增加金融机构贷款的积极性，缓解农村金融抑制程度。

（二）普惠金融文献综述

1. 普惠金融理论的相关研究

（1）有关概念和特征的研究

“普惠金融”一词最早由联合国在2005年提出，指以可负担的成本为有金融服务需求的社会各阶层和群体（特别是贫穷的、低收入的群体）提供适当的、有效的金融服务。国内最早研究普惠金融理论和实践的是焦瑾璞，其在2006年提出普惠金融是小额信贷和微型金融的延伸与发展，是为有金融服务需求的包括经济弱势群体在内的社会各阶层提供理想的金融服务，是金融公平性的体现。何广文（2010）提出普惠金融是小额信贷与微型金融实践发展的产物，三者在服务理念上是相同的，都以缺乏收入来源、没有生存技能的弱势群体为服务对象，为他们提供金融服务，维护金融公平。周小川（2015）提出，普惠金融应是每一个人有金融需求时，都能够以合适的价格享受到及时、方便、高质量、有尊严的各类金融服务。星焱（2016）给出了普惠金融“5+1”界定法，其中“5”指可得性、价格合理性、便利性、安全性和全面性五个要素；“1”指特定的服务客体。在普惠金融特征方面，王睿（2010）提出普惠金融应具备公平、高效、安全和适应经济结构的特征。杜晓山（2010）认为普惠金融体系具有公平性、稳健性、可持续性和竞争性等特征。吕家进（2015）认为，普惠金融具备四个方面的特点：服务对象包容性、服务产品全面性、服务方式便捷性和商业模式可持续性。刘修睿（2018）认为普惠金融具备可持续性、广泛参与性、服务全面性和全员普惠性的特征。

（2）有关作用和功能的研究

在普惠金融作用和功能上，曹凤岐（2010）指出，普惠金融体系提高了我国农村金融服务的可获得性，促进了农村金融服务供需平衡，满足了广大农户多层次、多元化的金融需求，也为低收入户等弱势群体提供了发展空间和环境。王修华（2012）通过实证研究证实普惠金融能帮助改善农村金融排斥现象，填补正规金融机构无法满足的金融服务盲区，促进农村经济发展，从而达到缓解城乡收入差距的效果。肖本华（2011）指出，普惠金融能够优化金融资源配置、稳定金融系统，有利于促进弱势群体融资，从而改善其生产环境，增加其盈利来源。王曙光、王东宾（2011）分别从成本和收益的角度阐述了普惠金融拓展了金融业务的广度和深度，有效降低了金融服务的成本，具有提高国民收入、扩大内需，使经济实现可持续发展的作用。邵汉华、王凯月（2017）通过对普惠金融的减贫效应和作用机制分析发现，普惠金融能够显著地减缓贫困，并且在减少贫困广度方面的效力要大于贫困深度。

2. 普惠金融实施中存在的问题研究

杜晓山（2007）提出普惠金融实施面临三大挑战，即如何保障提供的金融服务既范围广又质量高，如何将普惠金融服务真正触及贫困和偏远的长尾客户群体，以及如何保证金融服务的供需双方的成本收益比。蔡彤等（2010）提出普惠金融实施中存在的问题包括：一是缺乏科学的制度，二是政策受众率与目标执行率低，三是法律支持力度不足，四是各机构间缺乏合作。谢升峰等（2014）认为我国农村普惠金融存在的问题包括：普惠金融制度的总体设计不足；农村普惠金融发展水平较低；金融渗透性不足；实际金融资源使用效率较低；风控和操作成本较高等。李森（2015）则认为我国普惠金融的制约因素包括：较低的服务水平、落后的创新能力和欠缺的风险控制。张新颖（2018）指出我国普惠金融实施中存在的问题包括：服务不均衡、产品创新机制缺乏、法律法规不健全。李金龙、王颖纯（2020）通过实证分析发现，我国普惠金融整体发展水平不高，金融机构运营成本高和用户贷款积极性不强是影响普惠金融发展最重要的两个因素。

3. 普惠金融未来发展方向及路径相关研究

周孟亮、张国政（2009）认为，普惠金融发展要考虑的基本内容是普惠金融机构发展的持续性、服务的广度和深度以及社会福利的影响。周民源（2014）指出，普惠金融发展要兼顾受益面和可持续发展。提升受益面可通过扩大区域和人群覆盖率，通过发展村镇、社区银行、增加服务网点和提供多种类扶贫、创业、安居等服务项目来实现；可持续发展则通过变革经营理念、创新科技金融产品、降低服务门槛、降低成本以及改善监管和政策环境来实现。吕家进（2014）认为，普惠金融的发展可从产品体系、政策体系、市场体系、渠道体系和生态体系五方面来丰富、发展和优化。薛文宏（2014）在借鉴国外银行经验基础上给出我国未来普惠金融发展的措施：鼓励多种金融机构发展小额信贷业务；赋予普惠金融机构更多利率定价权；加快普惠金融征信体系建设；完善普惠金融监管；加强普惠金融基础设施建设和加强普惠金融产品创新。李森（2015）则认为我国的普惠金融发展除了要提高服务水平、创新服务业务、优化发展环境和加大宣传力度外，还应通过互联网金融与传统金融有机结合，发展数字普惠金融，从而提高金融效率，促进普惠金融目标实现。还有学者观点表明，利用金融科技，开展普惠金融线上业务，走数字普惠金融之路是未来普惠金融实践和发展的方向（黄益平，2019；唐宁，2016；金辉，2018）。

（三）农业保险文献综述

1. 有关农业保险对农户信贷可得性影响的研究

国外有关农业保险与农户信贷关系的研究大多围绕着农业风险展开。农业保险能够对农业生产中的不确定性风险进行担保，保障农户收入的稳定性，进而降低农户贷款的违约率。Hogan Andrew（1983）从农户采用农业新技术的角度出发进行分析，指出农业保险可以有效降低因农户采用新技术而导致生产经营失败的风险，提升农户信贷可得性。Pfleuger 和 Barry（1986）通过调查和仿真模拟方法分析了美国伊利诺伊州农户参加农业保险对其农业财务绩效的影响，结果发现，大约 60%的贷款人对此有积极的信贷反应，愿意给予贷款。Leatham 等（1987）从农户和贷款人双方表现出发，通过蒙特卡洛模拟方法对得克萨斯州的农场小麦、高粱生产进行研究发现，农作物保险是风险规避型农户的首选，而贷款人也会更倾向于向使用农作物保险的农户提供贷款，甚至会给予一定的利率优惠来鼓励农户参保。Carter M. R.，Cheng L. 和 Sarris A.（2011）通过构建理论模型探讨了信贷和指数保险市场发展之间的关系，研究发现，信贷和指数保险互联互通的方式均有利于两个市场的发展。Jennifer E. Ifft 等（2013）利用趋势得分模型和非相关回归模型对联邦农作物保险如何影响农户贷款情况进行研究发现，参与联邦农作物保险能够有效增加农户的短期贷款，但是对长期贷款影响并不明显。Dean Karlan（2014）对缓解农户信贷配给和风险配给的农业决策进行研究发现，对农户投资的约束条件是没有保险的风险，因此，农户对指数保险的需求巨大，农户选择指数保险能够带来更多的农业投资和高风险的农业项目选择。

2. 有关农业保险抵押品替代效应的研究

Binswanger（1980）研究认为农业保险可以替代抵押品，金融机构发放无抵押贷款时，往往倾向于选择投保农户，因为保险赔付可以保证农户的还款能力。因此，金融机构会鼓励农户购买农业保险。Mishra（1994）认为农业保险具有抵押品替代功能，能够保证农户还款能力，并有效改善金融服务质量。Pramod K. Mishra（1994）研究印度的综合农作物保险计划对农业信贷的影响发现，该保险计划具有抵押品替代效应，尤其是在小规模农户中效应更为显著。Binswanger 等（1996）对农村信贷、农业保险和抵押物要求之间的关系进行研究，认为农业保险可部分替代抵押物来降低借款人的违约风险、提高贷款人预期，并降低由于抵押物不足而使小规模农户信贷市场消失的可能性。Cai Jing（2012）对农业保险是否影响农户的生产和信贷决策进行研究发现，农业保险的引入能使农业产值增加 20%，并降低农业生产的多样性。农业保险使农户的信贷需求增加了 25%，并且对信贷的影响相对持久。林杰（2008）认为农业保险抵押品替代能够有效提高农业生产者禀赋，改善信贷机构对农业信贷的配给现状，实现农村信贷资源配置的“帕累托改进”。Lan Cheng（2014）对指数保险如何影响农村信贷市场上农户信贷转移行为进行了研究，理论和实证结果表明，由于指数保险能够提供风险投资项目保障从而降低农户通过信贷转移规避风险的动机，由此指数保险可以作为抵押品替代有效降低借款人的道德风险问题。

3. 有关农业保险与农户信贷之间关系的研究

国内有关农业保险与农户信贷之间互动关系的研究近年来逐渐增多。但研究结论不尽一致，张浩等（2010）认为，将农业保险引入农村信贷市场后，两者之间的互动存在“帕累托改进”。何广文等（2011）利用 FLIP-SIM 模型对农户经济行为进行模拟分析发现：农业保险对农户收入和小额信贷风险的影响与保险保障水平直接相关，保障水平较低的农业保险产品对提高农户收入和降低小额信贷风险影响不显著，保障水平较高的农业产品可明显降低农户小额信贷的风险。刘祚祥等（2012）基于修正的 S-W 模型，主要从贷款人角度分析，研究发现引入农业保险后，贷款人的预期收益曲线上移，农业保险对农村信贷规模有显著的促进作用。潘明清等（2015）从农业保险与农村不良贷款之间关系着手，研究发现，农业保险的保障有利于农民扩大贷款规模，并且不良贷款率存在下降趋势。叶明华等（2015）通过建立农业保险波动与农业贷款波动间的 VAR 模型研究发现，当前农业保险保费收入波动和农业贷款波动之间互为因果关系，即农业保险和农业贷款在短期增长方面已初步实现协同发展效应，但是互动程度还需提升。冯庆水等（2015）利用三阶段 DEA 模型对农村银保互动机制的运行效率进行研究发现，农业保险和农村信贷的互动机制对农村的发展具有较高的支持效率，但易受环境因素的影响且区域差异较明显。吕德宏和朱莹（2017）对不同类型农户小额信贷风险影响因素进行分析发现，参与农业保险的农户发生违约风险概率较低。

也有学者对农业保险与农村信贷互动关系持相反观点。方首军等（2012）通过对农业保险与农村信贷的互动关系进行实证研究发现，农业保险和农村信贷之间不存在长期稳定的协同关系，并认为其原因在于农村金融市场的低效和农业保险发展的不稳定。贺磊（2013）基于 bootstrap 仿真模拟估计技术对我国保险与信贷增长的关系进行分析发现，我国保险与信贷存在单项的因果关系，保险是信贷的 Granger 原因，而信贷发展不是保险的 Granger 原因，并且保险和信贷之间的因果关系呈现不稳定性的特征。祝国平等（2014）使用全国 227 个地级城市 2001—2009 年的面板数据，实证分析农业保险对农业信贷的促进效应，研究结果表明，我国农业保险与农业信贷之间的关系微弱，且存在一定程度的负向关联，农业保险并没有有效化解农业信贷风险。

综上所述，在农业保险与农村信贷关系研究方面，国外的研究肯定了农业保险所具有的抵押品替代作用，即农业保险能够降低农村信贷的违约率，从而降低农村信贷风险，提高农户信贷可得性，这是本书开展研究的主要依据。国内相关研究主要是对农业保险与农村信贷的互动关系或协同效应进行研究。主要有以下不足：第一，国内大多研究都是从定性的角度分析信贷和保险之间的关系，对农户银保互动的必要性和可行性进行阐述，并提出相应的对策和建议，缺乏数据支持。第二，近两年来的相关实证研究也大多是在经验分析的基础上直接进行实证检验，缺乏深入系统的分析保险支持信贷的内在作用机理，而且由于样本数据来源不同等原因，研究结论不尽一致。第三，农业保险存在的主要作用在于降低农户生产经营的风险，保障其农业经营收入，而农户有稳定的农业经营收入是保障其还款能力的主要因素，由此可见农业保险的存在对农户的还款能力有重要的影响，而目前为止，鲜有研究基于农户还款能力的视角，研究农业保险信号的抵押品替代作用。鉴于此，本书在前人研究的基础上，为了避免从借款人或者贷款人单一视角进行分析的不足，从借款人（农户）和贷款人（金融机构）双方福利最大化的角度构建模型，深入分析农业保险对农户信贷作用的内在机理，并在此基础上提出研究假设，通过实证检验，以期提出建设性的意见和建议。

（四）信誉文献综述

1. 有关信誉和信誉机制的研究

对信誉问题的研究由来已久，早在 200 多年前亚当·斯密就曾提出信誉可以看作是对人的隐性激励（explicit incentive）。对信誉问题研究起奠基作用的是 20 世纪 80 年代 Fama 和 Holmstron 对经理人市场激励机制的研究。

Fama（1980）认为因为外部市场的竞争性，即使企业不存在内部激励，经理人出于对未来职业前途的考虑，为了能够获取在外部市场上良好的声誉会选择努力工作。Holmstron 进一步拓展了 Fama 的思想，结合生命周期理论提出年龄对职业信誉积累的重要性。对信誉理论研究推动具有开拓性贡献的当属博弈论和信息经济学的应用。Kreps，Milgrom，Roberts 和 Wilson（1982）为了解释 Selton 提出的连锁店悖论（Chain-Store Paradox）建立了声誉博弈模型（KMRW），由此将逆向选择问题引入有限期重复博弈中，开创了一个重要经济领域。随后 Kandori（1992）证明，即使是在有限次重复博弈中，如果欺骗行为及时有效地被传递出去并且被社会公众所惩罚，行为主体就会选择诚实守信，信誉机制同样奏效。Horner（2002）认为良好的信誉是有价值的，出于竞争性市场的压力，好公司会选择建立良好的信誉将自己与差公司区别开来。Pfeiffer 等（2012）通过构建一个可以自由买卖信誉的交易市场来说明囚徒困境中的参与者可以通过购买良好信誉而获得收益。Cox 等（2015）的研究表明，信誉可以破解不完全契约实施中的囚徒困境。在有限次重复博弈中，如果博弈一方对另一方过往历史有充分了解并形成对其声誉的良好判断后，就会采取合作策略，囚徒困境中的纳什均衡可以被打破。此外，还有文献对信誉和信任的关系进行研究，认为信誉机制得以运行的基础是信任，信誉机制能够促使诚信和信任行为的产生（Meng X.，2015；Bolton et al.，2013；Nieken et al.，2015）。

国内对信誉问题的研究起步较晚，张维迎运用博弈论与信息经济学理论对信誉进行了系统的阐述，并对信誉机制早期的发展脉络进行了介绍，他在一系列研究中反复强调：市场经济如果缺乏信誉机制将使交易成本大大增加（张维迎，1996）。刘少波、蒋海（2004）利用信息经济学理论讨论了中国信用市场缺乏信誉的微观机理。李延喜（2010）通过文献的梳理，提出声誉机制在完善市场监督职能、降低代理成本和管理者道德风险、保证代理契约有效执行方面具有重要作用。蔡洪滨、张琥和严旭阳（2006）从最差均衡的角度分析了中国企业信誉缺失的问题，并认为低信任度、市场机制的不完善、市场竞争的不充分和技术水平的落后是中国社会陷入低信誉陷阱的原因。卢春阳（2002）利用信誉收益曲线分析我国市场信用状况不佳的具体成因，认为企业产权不清和法律制度不健全导致市场主体缺乏维护信誉的积极性，信誉机制陷入贬值的恶性循环。黄涛（2008）通过建立中小企业借款收益模型，提出建立银企长期合作的声誉机制能有效降低信贷风险，而银企长期合作是实现银行抵押品资产观念创新、建立守信声誉机制的重要途径。米运生等（2016）研究发现，在声誉外部性的农村，产品市场重复博弈所形成的声誉，通过信号功能缓解了逆向选择问题，通过交易功能，声誉资本能使贷款者在产品市场上对信贷违约者施加可置信的私人惩罚。雷宇（2016）指出声誉机制是一种重要的道德失范治理机制，公众信任是声誉机制有效运行的基础，而负面事件频发可能会损害声誉机制的信任基础。

2. 有关信誉作为抵押品替代的研究

Ottati（1994）通过对“工业区”内的交易行为进行研究，分析了“工业区”内信誉对抵押品的替代作用，其研究发现，“工业区”的基本特征是区内个体和企业之间存在信任，而建立良好信誉是一项有效的个人资本投资，在获得贷款时甚至可以替代抵押品。Arcand 和 Faye（2002）通过对塞内加尔花生生产农户进行调查发现，贷款人非常注重村委会领导对借款农户信誉的评价，在确定向该农户提供贷款时，借款农户信誉在利率和贷款额度方面发挥重要作用。Reka（2005）通过对洪都拉斯农村信贷市场研究发现，信誉能够弥补抵押品不足并能使借贷双方建立信任关系，有效缓解双方信息不对称程度。Wang（2008）对新英格兰商业银行诞生初期的金融市场进行研究发现，借款人拥有极少或者没有抵押品，并以 Plymouth 银行为例分析在抵押品缺乏情况下其信贷行为如何开展，研究发现，信誉在银行借贷中具有抵押替代作用，拥有较少或者没有抵押品的借款人通过和银行的重复交易建立信誉。Tsoukas 等（2011）利用美国 983 家公司的数据分析发现，企业声誉有助于公司债券的发行，拥有良好信誉的公司更愿意发行债券。Danilowska（2012）对波兰合作银行如何利用农户非正式信息和信誉来解决农业信贷市场上的逆向选择问题研究时发现，银行在信贷过程中会使用潜在借款农户的非正式信息和信誉，并以此作为解决逆向选择问题的手段。

国内对信誉抵押替代效应的研究多集中在农村金融市场上。匡桦等（2011）通过引入“隐性约束”和“声誉约束”变量，围绕农户借款选择行为构建局部均衡模型，分析双重约束机制对农户借贷行为的影响。研究结果表明，正规金融市场确实存在对农户的“隐性约束”，而非正规金融市场贷款与否最为看重的市场影响因素是农户的声誉情况。范香梅和张晓云（2013）对抵押和声誉机制进行研究发现，相比抵押机制，声誉机制更有助于增加农村地区的贷款，并且对中低收入者影响效果明显。侯英和陈希敏（2014）提出影响农户借贷行为的四个因素为：农户的个体特征、经济特征、农户声誉及借贷可得性，并通过构建结构方程模型对影响农户借贷行为的因素进行研究，发现农户声誉对农户借贷行为影响效应最强。丁振辉（2015）利用经典声誉模型证明了农户每次借款后都能及时还款将有效提升农户声誉，反之将恶化农户声誉，从而得出农户声誉可以有效约束农户借款后的行为并对农户借款后决策产生影响的结论。黄绍进和李善民利用倾向得分匹配法考察农户声誉对银行信贷决策和农户融资成本的影响，研究发现农户声誉能够带给农户更多的银行信贷和更低的贷款利率，并且农户收入越高，声誉的激励效应越明显。

综上所述，国内外对信誉机制的研究已相对比较成熟，在研究内容上，主要以信誉机制理论研究和对信誉状况进行评价为主；在研究方法上，主要以博弈论中的重复博弈理论作为分析思路，从未来收益的角度证明信誉建立的价值。近年来，相关学者将信誉理论引入农村金融市场，进一步拓展了其研究范围，但相关研究成果较少。本书在前人研究的基础上，采用信号传递博弈理论，分析信誉作为抵押品替代对农户还款意愿的信号传递作用，并在问卷调查的基础上，实证检验信誉对农户还款意愿的影响程度以及对农户信贷配给的缓解作用，最后有针对性地提出缓解农村信贷配给问题的对策和建议。本书研究与前人研究的不同在于：一是在研究视角上，本文选择信誉作为农户还款意愿的抵押品替代信号，考察信誉的高低对农户还款意愿的影响程度[①]；二是在理论分析上，运用信号传递博弈理论分析农户信誉作为一种信号在什么条件下能够导致农户与银行之间的分离均衡或准分离均衡以及该信号的强度如何，并根据博弈均衡的分析结论提出研究的实证假设；三是在实证检验部分，选择农户获得各种荣誉称号、表彰（如十星农户、五好家庭、道德模范家庭等）以及他人评价情况作为农户信誉的替代变量，检验信誉信号对农户信贷可得性和信贷额度的影响程度（黄晓红，2009）。

（五）其他农户信号特征文献综述

1. 有关社会资本的研究综述

社会资本是指社会组织的特征，诸如信任、规范以及网络，它们能够通过促进合作来提高社会的效率（Putnam et al.，1993）。Boot（2000）认为借款人的社会关系能够有效地缓解借贷双方的信息不对称。我国广大农村地区是一个典型的关系本位社会，是建立在地缘、亲缘和血缘关系基础上的，农户社会资本通过减少搜寻、增加信任和加速信息流通等方式节约了交易成本（Putnam，1995），减弱了金融交易中的信息不对称，改善了信贷供给，有助于缓解农户面临的信贷约束（Van Bastelaer，2000；马九杰，2008）。

（1）社会资本对农户信贷行为的影响研究

何军等（2005）以江苏农户为例，针对农户的非正规借贷需求进行研究，发现农户所拥有的社会资本量、职业、总收入和家庭负担是影响农户非正规借贷需求的主要因素。褚保金等（2008）也是以江苏为例，对江苏农户的信贷需求进行调研，结果发现农户的社会资本、文化程度和房屋价值对农户的正规与非正规信贷需求均具有显著影响。张建杰（2008）发现，社会资本水平较高的农户正规信贷的实际发生率较高，且户均信贷规模明显较大；农户非正规信贷发生率有随其社会资本水平的提高渐次下降的趋势，而户均信贷规模则有增加趋势。拥有不同社会资本量的农户其信

① 尽管国内学者黄晓红认为，声誉能有效揭示农户还款能力和还款意愿，但是本书认为农户还款能力由农户的生产能力、农业产出和实际收入等因素决定，农户信誉主要影响其还款意愿。

贷需求存在一定的差异，随着社会资本指数的增大，有资金困难且产生信贷需求的农户比重并未呈现增加趋势。蔡秀等（2009）发现社会资本对农户的经济行为产生较大的影响，特别是基于血缘关系，以小农家庭为核心拓展开来的圈层结构，以及内生于此的友情借贷在农村借贷市场上占有相当大的比重。马晓青、朱喜等（2010）对样本农户的融资偏好进行研究发现，参加合作组织、担任村干部、拥有良好信用记录和收入、教育程度较高的农户更偏好正式借贷。童馨乐、褚保金等（2011）将农户的借贷行为分解为有效借贷机会和实际借贷额度，其通过建立计量模型考察了社会资本对农户借贷行为的影响，研究发现政治关系和邻里关系仅对农户有效借贷机会具有显著影响，农民专业合作组织关系和正规金融机构关系对农户有效借贷机会与实际借贷额度均具有显著影响，而亲戚关系的影响不显著。徐璋勇等（2014）运用西部 11 省农户调研数据研究发现，社会资本的不同层次对农户信贷需求有着不同的影响。收入高且人际关系资本优越的农户在融资时倾向于正规信贷，而年龄高、具有一定政治关系资本的农户更倾向于非正规信贷。

（2）社会资本对农户信贷可得性的影响

Grootaert（2004）发现在印度尼西亚，拥有越多社会资本的家庭将拥有越高水平的储蓄和信贷可得性。Luigi Guiso 和 Tullio Jappelli（2002）通过对意大利南北地区居民社会资本的调查发现，社会资本对居民投资组合、贷款可靠性和非正式借款等具有影响。Biggart 和 Castanias（2001）认为，在经济交易中，社会关系可以充当抵押品，这减轻了正规金融机构与农户的信息不对称程度，有利于农户信贷可得性提高。黄晓红（2009）研究发现，农户声誉具有信号传递功能，可以有效降低借贷双方的信息不对称程度，实现借贷交易的帕累托改进。白永秀等（2010）通过对陕西农户的问卷调查进行计量分析发现，农户正规信贷受到农户“社会关系”的影响显著，但非正规贷款受“社会关系”的影响不显著。范香梅等（2012）通过理论和实证分析发现，社会资本有助于提高农户贷款的可得性，尤其是对中低收入农户而言，并且能增加农村地区的贷款规模。胡新杰等（2013）的研究也证实了有无社会关系对农户所受正规信贷市场信贷约束的概率有显著影响。李丹、张兵（2013）从微观层面分析了农户所拥有的以血缘为基础的强关系不断减少，而以朋友为主的弱关系日益增加，但要缓解农户的信贷约束，农户需要投入成本来维持弱关系社会资本。徐璋勇等（2014）发现无论是正规金融机构，还是非正规金融机构都倾向于向具有良好社会资本的农户提供信贷，其中正规金融机构倾向于向拥有良好政治关系资本和金融关系资本的农户提供信贷，非正规金融组织则更看重农户的人际关系资本。王修华等（2014）通过对社会资本中的社会关系网络进行研究发现，农户人情支出比的增加和有借贷需求农户的网络中心性的提升，都有助于提高农户正规机构贷款的可得性。

综上所述，国内外文献主要从社会资本对农户信贷行为的影响以及对农户信贷可得性的影响等角度进行广泛的研究。研究表明，社会资本作为抵押品替代信号确实能够降低农户与金融机构之间的信息不对称程度，从而增加农户信贷的可得性，但是由于社会资本更多体现为社会人际关系网络，其价值的大小较难衡量，因此在实际中面临操作性不强等问题。

2. 有关小组联保的研究综述

始于孟加拉国格莱珉银行的小额信贷制度以解决低收入群体和弱势中小企业的资金需求问题而著称，而小组联保制度是小额信贷制度的主要表现形式。小组联保通过借款人自愿组成联保小组的形式让银行申请贷款，如果有成员拖欠贷款或者有其他违约行为，整个小组成员都将负有连带责任，并且将会受到不能再申请贷款的惩罚。小组联保的运作模式使有意进行联保贷款的成员间相互监督并能排除那些信誉低下的借款人，从而降低金融机构的信贷风险。因此，始于20世纪70年代的小额信贷制度取得了巨大的成功。而我国是在20世纪90年代以后引入该种模式，并将其与我国农村的金融扶贫工作有效结合，小组联保在农村金融市场上发挥了一定的作用。理论界对小组联保制度也进行了广泛的研究，主要集中在以下三个方面。

（1）有关小组联保贷款内在运行机理的研究

Stiglitz（1990）和Varian（1990）最早从信息经济学的视角研究了联

保贷款的互相监督机制，认为小组联保能够使成员间形成有效的监督并缓解道德风险。Aghion（1999）和 Ghatak（1999）则通过构建博弈模型进行理论分析，认为小组联保的连带责任设计能够使农户进行自筛选并自动组合成联保小组，该种机制设计能够自然缓解信贷机构与借款人信息不对称程度，缓解逆向选择、道德风险和高监督成本等问题。Ghatak 和 Guinnane（1999）在此研究基础上，加入了监督成本和社会惩罚因素，提出如果社会惩罚力度足够大或者监督成本足够的小，小组联保制度是有效的对策。Besley 和 Coate（1995）通过建立偿还动态博弈模型，针对借款人事后的道德风险问题展开研究，认为由于监督而可能产生的社会惩罚可以有效约束借款人的事后道德风险行为，降低其策略违约的可能性，并提高其还款率。

（2）有关小组联保贷款实施成效的研究

在小组联保贷款实施成效方面，Otero 和 Rhyne（1994）以及 Sharma（2002）等学者认为，小组联保能够很好地解决由于贫困人口缺乏抵押担保品而带来的信息不对称风险。Bastelaer（1999）和 Karlan（2001）则从虚拟的社会资本视角进行研究，认为共享准则、成员间的社会网络关系以及其他认知、结构型虚拟社会资本的有效存在和运行是小组联保贷款成功实施的关键。Wydick（1999）和 Hermes（2003，2005）通过实验检验证实，小组联保成员间的内部监督机制的确能有效降低借款人的道德风险。Malgosia Madajewicz（2010）则探讨了在农户效用最大化前提下小组联保和个人担保的选择，研究发现，低收入群体往往选择小组联保相互监督来申请贷款，而低收入群体中相对富有者则会选择个人担保来申请贷款。江能、邹平、王泽丽（2008）构建了联保贷款模型和传统贷款还款模型，并对两种模式下贷款还款率进行比较分析后发现，联保机制对提高贷款还款率既有促进作用，又有抑制作用。当有一定的社会惩罚时，联保小组成员之间的合作会提高贷款还款率，否则，小组成员间的相互责任推诿会降低贷款还款率。张婷（2009）从风险管理的视角提出，通过设计不同利率和贷款额度的合同菜单让农户自行选择从而进行自我风险披露，以此来降低农户联保贷款的风险。张正平、肖雄（2012）通过构建演化博弈分析模型来研究我国农户联保贷款制度，其研究认为，风险接近的农户更容易组成联保贷款小组，加入联保小组的边际成本与边际收益的比较决定了加入联保小组的农户比例，联保小组成员为违约成员承担责任所获得的社会收益越大，违约成员所受到的社会惩罚就越大；农户还款意愿越高，当地信用环境就越好，农户加入联保贷款小组的比例就越大。

（3）有关小组联保贷款实施存在的问题研究

何国钦（2002）认为，农业经营的单一性造成农户生产经营风险较为集中，而这样的农户组成联保小组进行贷款并不能降低信贷风险，因此，小组联保实施成效有限。何广文（2002）和熊学萍（2005）均对联保小组不易形成的原因进行研究发现，其根本原因在于小组成员之间缺乏足够的信任。赵岩青、何广文（2007）通过构建三方动态博弈模型，并通过实证分析发现我国小组联保贷款制度运行并不理想，其根本原因在于小组联保建立的前提条件，如联保小组的自愿形成机制、信用社的风险甄别机制以及有关信用惩戒的法律法规和社会惩罚体制等在农村金融市场上并没有真正建立，加之农业经营本身就存在较大风险，正是这些因素的存在使农户联保贷款难以发挥应有作用。杨峰（2011）对我国小组联保贷款运行效果不理想的原因进行了分析，认为主要原因在于政府的制度缺陷，主要表现在自动匹配机制设置上无效、小组成员权责归属分配上流于形式和信用约束机制设立上有效性不高等方面。吴敬（2012）利用显示性原理的机制设计理论，探讨了农户的有限理性导致的联保贷款中的合谋问题，在一定程度上解释了我国2002—2005年产生大面积不良联保贷款的原因。

综上所述，国内外文献主要从联保贷款的内在作用机理、实施成效以及存在的问题等角度进行广泛的研究，从其内在作用机理来看，小组联保是一种有效的解决信息不对称问题的良好方案，但是在实际操作过程中，还存在一定的问题，比如贷款过程中联保小组难以自愿形成，在实际执行中农户普遍存在“联富不联贫”的心理，以及小组成员因为经营风险过于集中而不能有效降低信贷风险等问题，加上金融机构在管理方面会存在贷前调查不实、贷中审查不严、贷后监督不力等现象，使小组联保没有很好地发挥其应有的作用。

四、研究评述

通过以上文献综述，本书得出以下几点认识：

第一，现有研究没有将金融抑制和普惠金融两个理论体系联系起来。而实际上，普惠金融和金融抑制是相互联系的两个概念，它们分别阐述的是一个问题的两个方面，金融抑制阐述问题本身，而普惠金融阐述解决金融抑制问题的思路和方法。同时，在研究主体上，如果能在理论模型的设计中将金融机构和农户双方同时考虑进来，则可能更加贴近实际。

第二，农业保险近几年在国内农村市场发展迅速，其作用逐渐受到人们重视。农户的高还款能力归根结底还是在于如何有效降低农业生产的不确定性和风险，社会资本和小组联保并不能有效改善农业生产的不确定性，农业保险作为一种信号，既能够作为农户有效的抵押品替代信号，又能够降低农业生产中的不确定性和风险，这将进一步增加农户信贷的效率，因此对农业保险的抵押替代效应，尤其是对农户还款能力的抵押替代效应的研究非常有意义。

第三，目前理论界和实践界对信誉的研究主要侧重信誉理论和企业信誉，对农户信誉的研究并不多见。对于金融机构来讲，高的还款能力、充足的资金收入是保证农户按时还款的基础，而更为重要的是农户是否有还款的意愿，如果农户有能力履约，但是却缺乏诚信，不主动还款，银行的信贷风险依旧会很大，信贷合约就不可能达成。因此，在农户信贷中，如果以农户信誉作为显示农户还款意愿的抵押品替代信号，从而有效揭示农户的类型具有重要的研究价值。

第四，之前有关抵押品替代信号的研究取得了一定的成果，但是均为从农户整体信贷风险视角出发进行研究，并且均为从单一信号的视角研究其对农户金融抑制的缓解作用，这些一元信号尽管经过实证研究表明对缓解农户与金融机构之间的信息不对称问题有一定的作用，但是缓解作用有限，并不能有效地区分农户类型，如果将农户一元信号拓展为二元信号甚至多元信号，将有效解决该问题，尤其是信息技术背景下，如何利用农户多元信号特征来推动数字普惠金融的发展将变得非常有意义，但目前相关研究非常有限。

基于以上认识，本书认为如能将普惠金融与金融抑制这一对立的概念联系起来，研究如何更好地利用农户信号特征，降低银行与农户之间的信息不对称程度，将会增加金融机构涉农普惠金融服务的积极性和主动性，缓解金融抑制问题，促进农村普惠金融目标的实现。具体来讲，就是将农户的信贷风险进行细化，具体划分为还款能力风险和还款意愿风险，用农业保险信号显示农户还款能力，用信誉信号显示农户还款意愿，从更为细致的层面反映农户的类型特征，同时将金融机构和农户双方纳入同一理论框架下进行分析，探讨农业保险和信誉一元信号的抵押替代能力，并进一步变一元信号为二元信号组合甚至多元信号组合，从而增强一元信号的抵押替代能力，在此基础上，本书提出基于农户多元信号特征的数字普惠金融实现路径，这对创新农贷技术，有效解决农村金融抑制问题，实现普惠金融目标具有重要意义。

第 三 章

普惠金融体系概述

一、普惠金融与金融抑制

普惠金融对应的英文是“financial inclusion”，也可翻译为“金融包容”。从字面意思来看，普惠金融和金融抑制是相对的概念，但是它们之间是相互联系的。尽管普惠金融在 2005 年才首次提出，但其本质早在 1973 年美国经济学家麦金农和肖的有关金融抑制的论文中就有所涉及。麦金农和肖认为，发展中国家存在严重的金融抑制问题，制约其经济发展，解决之道在于实施金融深化和自由化。由此可见，促进金融服务涉及更广阔人群，消除信贷配给乃至金融歧视是消除金融抑制并释放经济活力的重要途径，同时也是提高资源配置效率的有效办法。鉴于此，通过普惠金融理念来解决这一问题的思路应运而生。

实际上，对普惠金融的研究是在金融抑制的基础上产生的，从内涵上看，普惠金融更注重将各类弱势群体的金融服务活动拉入主流金融活动中。由此可见，普惠金融体系的构建是解决金融抑制问题的关键。金融抑制指特定的群体不能或者难以获得金融服务和产品的社会现象，表现形式就是信贷配给，而普惠金融阐述的是如何通过制度的设计和实施满足特定群体的信贷需求，即如何消除金融抑制现象。因此，普惠金融和金融抑制是相互联系的两个概念，它们分别阐述的是一个问题的两个方面，金融抑制和普惠金融一方面是阐述问题本身，另一方面是阐述解决问题的思路和方法，两者之间具有不可分割的关系。

二、普惠金融体系内涵及服务对象

（一）普惠金融体系内涵

普惠金融体系来源于英文“inclusive financial system”，最早是联合国在宣传 2005 年小额信贷年时提出的。其基本含义是一个能为社会各阶层群体，尤其是低收入群体提供有效的、全方位服务的金融体系。2006 年，世界银行扶贫协商小组在其出版的《服务于所有的人——建设普惠性金融体系》一书中再次提出了普惠金融体系的概念，并构建了其服务内容和服务框架。普惠金融体系是指借助不同途径，为全社会各个阶层提供金融服务的体系，特别是被正规金融体系所排斥的贫穷、低收入群体，向他们提供包括储蓄、保险、信贷、信托等在内的差别化的金融服务，其主旨是让所有人享有平等的金融权利。普惠金融体系的服务框架分为四个层面，即客户层面（需求者）、微观层面（金融机构）、中观层面（金融基础设施和服务）、宏观层面（政策层面）。国内在宣传和推广 2005 年小额信贷年活动时，中国小额信贷联盟首次使用这个专用词汇。2006 年 3 月，时任中国人民银行研究局副局长的焦瑾璞同志在北京召开的亚洲小额信贷论坛上，正式使用了这个概念。

构建普惠金融体系主要包括以下三层内涵：首先，普惠金融体系的构建是一种理念，体现了人们追求金融公平和平等的信念。它促进了金融公平，每个人无论贫富都应有享受金融服务的机会。其次，普惠金融体系的构建体现的是一种创新的思想。要想更好地让每个人都能享受到普惠金融服务，就需要在制度、机构、产品和服务上有所创新，尤其是对弱势群体，如何为他们提供更贴合实际的产品和服务是普惠金融的目标。最后，普惠金融体系的构建体现的是一种责任和使命。它更应关注那些低收入、弱势的“长尾群体”，使他们能够获得所需要的金融服务。因此，构建普惠金融体系的主旨在于通过金融基础设施的搭建，运用金融科技手段，以较低的成本，合理的价格将金融服务拓展到贫困、偏远地区，为那些被正规金融机构排斥在外的低收入、弱势群体提供全方位的金融服务，帮助他们脱贫致富，最终促进乡村经济的振兴和发展。

（二）普惠金融体系服务对象

关于普惠金融体系的服务对象，目前主要有两种观点。一种观点认为普惠金融体系的服务对象应涵盖全部人群，包括被传统金融排斥的贫穷弱势群体，使他们能够方便、高效、低成本地获得金融服务。如晏海运（2013）认为，“普惠金融是各种金融机构共同参与，公平地在国家之间、地区之间、城乡之间、各种类型的企业和人群之间分配金融资源，提供全面的金融服务，满足所有人群的合理金融需求，以实现金融业的均衡协调发展和可持续发展”。该观点就是把获得金融服务看作是一种基本权利，惠及所有人群。马彧菲（2015）认为普惠金融体系是指任何组织或者个人有金融需求时，都能够以合理的价格，方便快捷地获得金融服务，即普惠金融体系的服务对象是所有需要金融服务的人，包括那些被传统金融服务排除在外的中小企业、低收入人群等。其所提出的普惠金融体系的目标服务群体如图 3-1 所示。

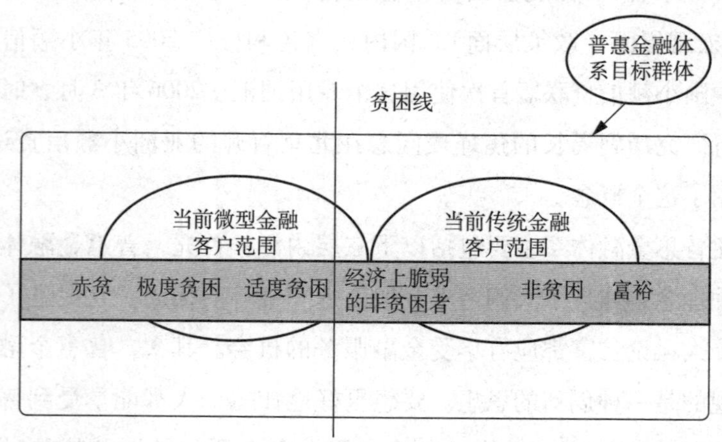

图 3-1　普惠金融体系服务目标群体（a）

资料来源：马彧菲．普惠金融发展及其减贫效应研究［D］．厦门大学，2015.

另一种观点则将普惠金融体系的服务对象定位于那些被传统金融排斥在外的弱势群体，如农村务农人员、返乡农民工、城市失业人员、老年人、残疾人、小微企业等低收入弱势群体。如联合国在 2005 年小额信贷年上所强调的普惠金融应是为弱势人群、弱势产业和弱势地区提供方便快捷、价格合理的基础金融服务。世界银行扶贫协商小组在其2006年出版的《服务于所有的人——建设普惠性金融体系》一书中也曾提出普惠性金融体系的核心思想应是让所有人特别是贫困弱势群体拥有平等享有金融服务的权利。2008年，世界银行印度委员会也提出普惠金融应确保脆弱群体能够以一个承受得起的成本及时且足额地获得各类金融服务。

2015年12月，国务院在《推进普惠金融发展规划（2016—2020年）》中首次从国家层面对普惠金融的概念进行了界定：普惠金融是指立足于机会平等要求和商业可持续原则，以可负担的成本为有金融服务需求的社会各阶层和群体提供适当、有效的金融服务。规划同时确定将农民、小微企业、城镇低收入人群、贫困人群和残疾人、老年人及其他特殊群体列为普惠金融主要服务对象。马建霞（2012）认为，现代社会中金融对经济弱势群体摆脱贫困、改善生活水平具有重大意义，所以普惠金融应当更加侧重于经济弱势群体。同时，普惠不应是“输血式”的单纯资金供给，应当是“造血式”地通过金融支持帮助弱势群体自力更生、自我发展。吴晓灵（2010）认为，普惠金融是为城乡贫困人口提供金融服务和为城乡低收入人群及吸纳社会就业的小微企业提供金融服务。焦瑾璞和王爱俭（2015）认为，金融服务不只属于富人，大规模的弱势群体应该和其他人一样得到共同的、公平的金融服务权利，他们将普惠金融体系的目标客户界定为两个部分——微型金融的客户以及被微型金融排斥的赤贫客户，如图3-2所示。

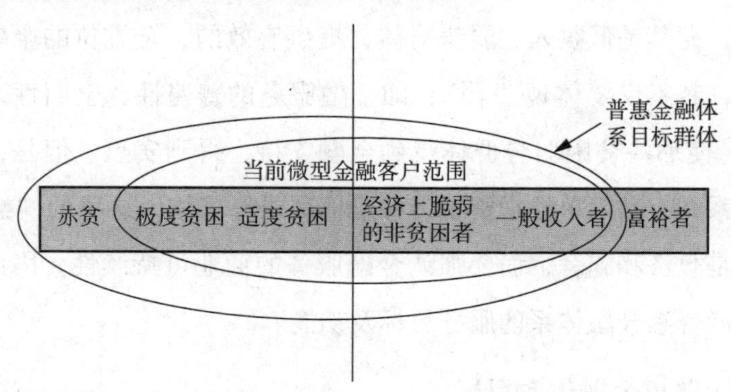

图3-2　普惠金融体系服务目标群体（b）

资料来源：焦瑾璞，王爱俭．普惠金融——基本原理与中国实践［M］．中国金融出版社，2015.

这两种观点一种是广义上的理解，另一种是相对狭义的理解。但是两者并没有本质上的不同，普惠金融体系宗旨均为提供低成本、全面、高效的金融服务，只是前者是在整体通盘考虑基础上重点关注弱势群体，后者是在服务弱势群体基础上实现整体包容性发展，但最终都要构建一个成熟的普惠金融体系，使每个经济主体都能获得他们想要的、合理的普惠金融服务。本书基于上述理解以及研究目的，将普惠金融服务对象界定为那些被传统金融排斥或者忽略的长尾农户群体。我国是世界上人口最多的国家，同时也是一个农业大国。尽管随着乡村振兴战略的推进，农村经济加快发展，农民的居住环境得到很大的改善，城乡分离的二元经济体制也逐渐被打破。但是与城市金融相比，农村金融发展依然相对比较滞后，仍有不少农户的金融需求无法有效得到满足，尤其是广大长尾弱势群体，也往往由于缺乏有效的抵押品以及信用信息等使其无法获得其生产发展所需要的资金。因此，在农村普惠金融实践中，如何科学合理地收集并筛选农户各类信号信息，使之成为有效替代抵押品的信号特征，对更好地服务普惠金融目标群体具有非常重要的意义。

三、普惠金融体系目标及功能

如前文所述，普惠金融体系是一种能够以合理的价格，为社会所有阶层和群体，尤其是低收入、弱势群体，提供有效的、全方位的金融服务体系。因此，其不仅要体现“普”，即金融服务的普遍性、全面性，更要体现“惠”，使那些贫困弱势群体得到金融支持，得到实惠。但是，构建普惠金融体系并不是简单地把资金转移给贫困弱势群体，这里的“惠”不是恩惠，不是救济和施舍，而要强调金融服务的商业可持续性。因此，我们有必要明确普惠金融体系的服务目标及功能。

（一）普惠金融体系目标

2005 年联合国提出，构建普惠金融体系就是通过完善金融基础设施，以可负担的成本将金融服务扩展到欠发达地区和社会低收入人群，向他们提供价格合理、方便快捷的金融服务，不断提高金融服务的可获得性。2006 年，世界银行扶贫协商小组在其出版的《服务于所有人——建设普惠金融体系》一书中明确提出普惠金融体系的目标是在健全的政策、法律和监管框架下，每一个发展中国家都应构建一整套的金融机构体系，共同为所有层面的人提供合适的金融产品和服务。同时，书中也明确提出了该目标体系应具备的四个特征：第一，能够以较低的成本为各阶层人群和企业提供广泛的金融服务，包括储蓄、信贷、租赁和保理、保险、养老金、汇兑等；第二，金融机构设置健全并且内控严密，接受市场监督和审慎监管；第三，具有商业可持续性，能够保证长期持续性地提供金融服务；第四，能够形成金融服务的竞争市场，为客户提供多样化的金融产品选择和更高效的金融服务。综上所述，构建普惠金融体系的目标在于通过金融渠道建设和金融产品提供保证社会各阶层群体，尤其是弱势群体能够享受到多样化的金融产品和金融服务，促进金融公平。

（二）普惠金融体系功能

1. 有助于消除贫困，增加国民福利待遇，实现社会公平稳定

从功能上来看，如果各个国家都能建立起比较完善的惠普金融体系，将会在消除贫困、改善教育、提升健康水平、维护妇女权利等方面起到重要作用，从而有利于增进各国经济效应，增加居民的社会福利水平，实现社会公平稳定。在脱贫方面，普惠金融尤其是小额信贷，使贫困者获得资金支持，使他们有能力利用机会或者填补资金缺口发展生产，从而打破贫困的恶性循环，摆脱贫困。在改善教育卫生方面，研究表明，那些获得金融支持的家庭的孩子更有可能接受学校教育并且学习时间较长。获得小额信贷支持的家庭中，儿童辍学率也相对较低。在维护妇女权益方面，一些针对贫困人口的金融服务，专门以女性作为主要服务对象，研究表明，妇女在借贷过程中往往展现出较强的金融责任感，比男性更加的可信。因此，在金融服务过程中，赋予女性更多的责任和权利，能使她们的利益得到更多的保障。

2. 有利于改善城乡二元金融结构，促进金融资源的合理流动，提高金融资源的配置和使用效率

长久以来，我国城市经济以现代化的大工业生产为主，而农村经济以典型的小农经济为主，这样的经济发展结构造就我国的金融发展呈现出城乡二元金融结构的特征，即金融资本都流向经济实力强、更能承担高风险的城市大企业、大户群体，而忽略了实力较弱、零星、发展规模小的农村小规模农户和贫困人群等经济弱势群体。对于这些弱势人群来讲，获得资金支持的渠道非常有限，多是通过民间的非正式渠道获得，利率高且资金来源不稳定，从而不能有效保障其资金需求，严重阻碍其发展。这种发展结构既造成了城市金融资本投入过剩、农村金融资本投入不足的局面，又导致金融资本使用效度低下。随着国家普惠金融政策的提出，农村普惠金融市场得以复苏，在政府推动下，农村普惠金融体系迅速建立，金融资源不断地被转移到广大农村地区，甚至拓展到更偏远和更贫困地区，使广大低收入人群获得广泛的、低成本的普惠金融产品和服务，从而促进金融资源得到公平合理的流动，推动农村经济的快速发展，极大提高了金融资源的配置和使用效率。

3. 有利于缓解信息不对称程度，降低交易成本，促进金融业的创新和发展

农村金融市场发展的最大障碍就是信贷双方信息不对称和交易成本过高。由于农户自身特性和信用信息、抵押担保品等缺乏，金融机构往往以信息提供不足和调查的边际成本过高而将该类人群排斥在传统金融体系之外。而普惠金融体系的发展，尤其是数字普惠金融体系的构建，使金融机构获取农户信息的成本大大降低，通过各受益群体线上化信息登记，金融机构足不出户就可以在各金融服务平台在线获得各受益群体的相关信息，审核、授信、用信和还款整个交易记录均会在线记录，并通过大数据等信息技术跟踪和分析，有效保证了金融交易的安全可靠性，大大缓解了金融机构与受益群体之间的信息不对称程度。这些障碍的解决极大地促使金融机构争相在普惠金融市场开展业务和拓展市场，也促进了银行业之间的竞争，使他们对普惠金融产品和服务进行不断的创新和升级，提升服务质

量，改善服务环境，从而有利于普惠金融工作的有效推进。

四、普惠金融体系内容框架

普惠金融体系构建的基本原则就是要建立一个包容性的金融体系框架，这样过去被长期排斥在金融服务之外的长尾客户群体就能够被涵盖进来，并融合到整个金融服务体系中去。根据以上原则，世界银行（2006）提出一个包括客户层面、微观层面、中观层面和宏观层面的普惠金融内容框架体系，如图 3-3 所示。

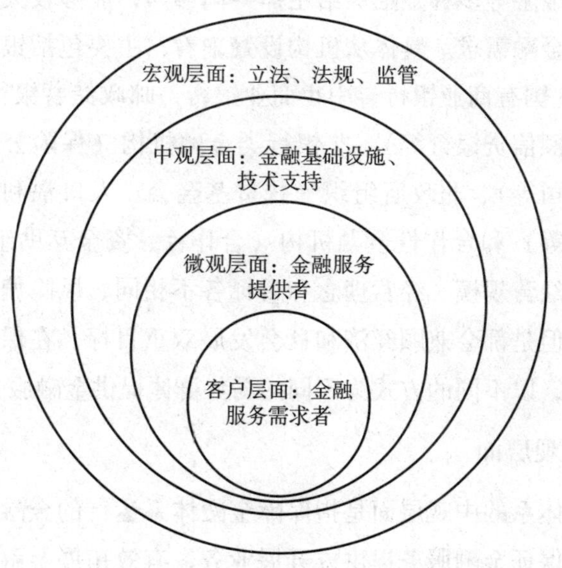

图 3-3 普惠金融体系框架构成

资料来源：CGAP（2006）Access For All—Building Inclusive Financial Systems.

（一）客户层面

客户层面是普惠金融体系框架构建的最基层。客户层面的金融服务需求决定着普惠金融体系微观、中观和宏观层面行动的开展。因此，要构建普惠金融体系，必须要明确普惠金融的服务对象。如前文所述，虽然普惠金融的服务对象是社会各阶层大众群体，但其服务重点在于那些长期得不到金融服务的贫困、低收入弱势群体，这些弱势群体往往具有居住分散、收入低、财产少、信用记录和抵押品缺乏等特点。然而对于这些经济主体来说，如果能够通过金融政策制定和金融体系建设，满足他们在信贷、储蓄、交易、保险等方面的金融服务需求，就能极大程度地带动其发展生产、恰当就业、脱贫致富，实现较大的社会经济效应和福利效应。

（二）微观层面

普惠金融体系的微观层面是指金融服务的提供者，是开展普惠金融服务的主力军。目前从普惠金融实践来看，普惠金融服务的提供主体具有多元化发展的趋势，主要由政策性金融、商业性金融、合作性金融、慈善性金融和非正式金融等多种金融供给主体共同参与，能够较大规模地满足多种弱势群体的金融需求。具体从机构设置来看，主要包括银行类金融机构（政策性银行、国有商业银行、中小商业银行、邮政储蓄银行、社会银行、村镇银行、小额信贷银行等）、非银行类金融机构（保险公司、抵押贷款公司和租赁公司等）、非政府组织（扶贫基金会、人口福利基金会、青少年发展基金会等）和合作性金融机构（合作社、资金互助组织等）。这些经济主体尽管经营规模、经营理念和目标各不相同，风险偏好和经营成本也各有差异，但是都会兼顾经济和社会发展双重目标，在保证自身可持续经营的前提下，以不同的方式为不同的弱势群体提供金融服务。

（三）中观层面

普惠金融体系的中观层面是指保障金融体系运行的金融基础设施和技术支持等，是保证金融服务提供方开展业务，有效拓展金融服务网络的重要中介。具体包括保证资金能够在金融机构间自由流动、安全交易的结算支付系统；对各类客户信用信息进行记录、帮助金融机构降低信用风险的信息管理系统、征信系统；能够提升金融机构管理能力和提升管理效率的科技技术支持服务部门；能够有效降低普惠金融服务成本的网络支持组织等。此外，还包括一些外部支持服务，如外部审计、咨询公司的相关服务等。普惠金融体系中观层面的建设非常重要，多数情况下，金融基础设施落后、金融配套设施不足、相关中介服务缺失是造成金融排斥的主要原因，因此，改善普惠金融中观层面金融基础设施与服务，对于提高商业资金用于普惠金融发展，推动普惠金融极大程度地触及农村偏远、落后地区以及贫困、低收入群体具有重要的现实意义。

（四）宏观层面

普惠金融体系的构建需要政府政策的支持和推进，中央银行（金融监管当局）、财政部门和其他相关政府机构是宏观层面主要参与者。宏观层面是从宏观政策、法规的角度为普惠金融的发展提供政策支持和创造良好的环境，具体包括法律环境、政策环境、基础环境和监管环境等。在具体普惠金融实践中，法律环境可通过法律制度的修订和完善，放宽金融机构开展普惠金融业务的职能和权限等来改善；政策环境可通过制定优惠政策和奖惩措施，鼓励和引导金融机构开展普惠金融服务，通过发挥政府作用将资金向弱势群体倾斜等方式来建设；基础环境建设则通过提高农业基础设施建设和农村公共事业的投入，加大农村通信、卫生、教育、医疗、社会保障等方面投入，从而减少农业风险和金融业务交易成本等来改善；在监管环境建设方面，可通过对微型金融、小额信贷机构实行差别化监管来改善，这样不仅能提高监管有效性，防控风险，还能有效保护普惠金融服务灵活性和创新性，避免监管不当或者过度抑制普惠金融发展。

五、构建我国普惠金融体系面临的主要问题

（一）法律体系不健全，亟待构建普惠金融法律框架

我国在《推进普惠金融发展规划（2016—2020 年）》中明确提出“制定和完善普惠金融相关法律法规，形成系统性的法律框架，明确普惠金融服务供给、需求主体的权利义务，确保普惠金融服务有法可依、有章可循”。2020 年是该项规划的收官之年，但是有关普惠金融的系统性法律法规仍未形成。现行的金融法律法规，如《商业银行法》《银行业监督管理法》《证券法》《保险法》和《消费者权益保护法》等，主要针对传统金融业务，并没有普惠金融的相关规定，没有明确普惠金融供需主体的权利和义务以及服务基本原则，也未对各类新型普惠金融业态和组织出台相应的规范，普惠金融法律规定相对滞后，尤其是当下活跃在普惠金融市场的互联网金融，由于法律法规建设滞后，导致一段时期以来各种打着互联

网金融、普惠金融旗号的金融乱象丛生。因此，我国亟待建立有关普惠金融方面的法律法规体系，强化政府部门激励引导和监督职责，明确金融机构义务，规定公民的金融服务权利，规范各类新型金融组织的金融行为，构建普惠金融发展的良好法治环境，实现普惠金融发展顶层设计的法治化，确保普惠金融服务有法可依、有章可循。

（二）发展环境建设不足，亟待加强金融环境建设

普惠金融在推进过程中缺乏理想的金融发展环境，尤其是在农村地区更为明显，主要表现在以下两点：一是硬件环境建设相对缺乏，金融机构设置和金融基础设施配套不足。一方面，农村的金融机构物理网点相对较少，难以保证金融服务质量，不能满足农户基本金融需求。近年来尽管小额贷款公司、村镇银行、农商银行和农村资金互助社等金融机构数量不断增加，但仍然不能满足农户快速增长的普惠金融需求。另一方面，金融基础设施配套不够完善，尤其是随着互联网和大数据时代的到来，金融科技不断发展，推动普惠金融向数字化、网络化和线上化迈进，但是在广大农村地区，互联网网络覆盖率低并且不够稳定，使得金融机构开展数字普惠金融线上业务时面临阻力。二是软件环境建设不够理想，具体表现为在普惠金融知识推广和宣传上力度不够。金融机构在开展普惠金融工作时，往往关注点在提供何种产品和服务上，忽视了对农户进行金融知识的普及、宣传和相关培训，导致农户对普惠金融不了解，对相关产品和服务不关注，普惠金融工作成效不明显。

（三）产品和服务供给不足，亟待普惠金融产品服务创新

尽管随着我国普惠金融工作的推进，各个金融机构均根据自身特点，结合当地实情提供各具特色的普惠金融产品和服务，但从目前来看，普惠金融产品和服务仍然存在供给不足。首先，基层金融机构所开展的业务主要以办理存款业务为主，理财、保险、汇兑等其他业务所占比例很少。尽管涉农金融机构也办理信贷业务，但大都以小额信贷为主，大额资金外流比较严重，有限的资金存量难以有效支撑农村经济发展。其次，金融产品和服务缺乏创新。涉农金融服务与城市金融存在较大差别，涉农普惠金融还兼顾有产业振兴的目的，因此，应因地制宜，根据农村经济发展需求、当地产业特色以及农户自身特点、农户发展需求等来设置更加符合农村实际的金融产品和服务。尤其在互联网技术的推动下，数字普惠金融成为未来发展的方向，这对传统金融机构所开展的线下业务带来冲击和挑战，亟待基于信息技术背景下，金融产品和服务的创新和发展。最后，涉农金融从业人员在应对金融科技所带来的变革时，也存在业务素养不足和创新能力不够等问题，无法提供满意有效的金融服务，这些也需要通过培训和学习来不断提升。

（四）农户信用记录不够完善，亟待强化农村信用体系建设

长期以来，由于农户自身的特性以及居住分散性，金融机构对农户信息收集成本很高，难以建立有效的农户信用信息记录，金融机构与农户之间存在明显的信息不对称。尽管近年来，随着普惠金融工作的推进，各地金融机构都在进行农村信用体系建设，如“信用乡”“信用村”和“信用户”建设，不断地登记和完善农户信用信息记录。但从目前来看，农村地区的信用体系建设依然不够完善，仍未形成统一的、公认的信用信息系统，仍有很多问题亟待解决，例如，采集哪些农户信号特征信息能够有效反映农户的还款能力和还款意愿？如何保证信用信息的真实性和实时更新？是否能够借助于当前的数字信息技术，通过大数据平台的构建或者区块链技术的运用保证对农户各类信用信息采集的真实性、实时性和公允性，使金融机构不再各自为政，建立各自的农户信用信息系统，从而避免人、财、物资源的浪费。这些都应是普惠金融信用体系建设的主要任务和需要克服的难题。

第四章

农户借贷状况及信号特征调查分析

一、调查方法选择

本书采用的调查方法主要是问卷调查法和访谈法。本书实证研究数据主要来源于问卷调查，本书围绕研究主题、相关论点以及研究假设设计问卷调查题目，利用学生暑期返乡的机会对其周边农户发放问卷从而获得有关农户基本情况、借贷情况以及购买农业保险情况和信誉情况等有关信息。访谈法是对问卷调查法的有益补充。通过问卷调查法获取的农户信息为间接信息，而访谈法则是通过和受访农户面对面的交谈来更进一步了解农户的心理和行为状况，所获得的信息更为直接，是对实证研究结论的进一步现实印证。

二、问卷调查说明

本书所采用的数据来自国家自科基金《抵押品替代视角下农村金融抑制问题研究》和社科基金《基于农户线下社会资本线上化的银行网贷制度信任机制研究》，以及课题组成员对中原经济区主要省——河南省进行实地调查的数据。河南省是农业大省，全国粮食生产的主产区，是中原经济区建设的核心省，因此，选择河南农户进行信贷调查具有一定的代表性。为了尽可能保证问卷信息的真实性和完整性，课题组采用入户调查的方式，利用在校学生暑假返乡的机会，随机选取有责任心，来自河南省各地市县区的学生作为问卷调查员，并对其进行问卷调查培训。在暑假期间分别对河南省 17 个市共 63 个县、区（包括省直管县）进行了调查。各地市调查样本县（区）的具体分布情况如下：郑州的中牟、圃田、新郑、新密、荥阳、巩义、惠济区；开封的兰考县、杞县和祥符区；洛阳的嵩县、新安、偃师；信阳的罗山、息县、潢川、光山、淮滨区、浉河区；南阳的内乡、南召、镇平、邓州、桐柏、新野、卧龙区、宛城区；平顶山的郏县、宝丰、叶县、鲁山、卫东区；新乡的封丘、原阳、辉县、延津；济源的轵城；商丘的民权、虞城、柘城、睢阳、夏邑、梁园；驻马店的沁阳、上蔡、西平、确山；三门峡的灵宝、义马；周口的鹿邑、商水、太康、淮阳；鹤壁的浚县、淇县；濮阳的范县、清丰县；安阳的滑县、林县；焦作的武陟、泌阳；许昌的襄城、建安区。

本次调查共对2200家农户进行随机入户信贷专项调查，共获得1942份有效调查问卷，有效回收率为88.27%。调查问卷主要收集了有关样本农户的基本特征情况、借贷情况、购买农业保险情况和信誉情况等有关信息。

三、样本农户情况分析

为了对所调查样本农户的情况有一个基本的了解和判断，并为第四章、第五章和第六章的实证分析提供数据支持，本章将结合后文实证分析的需要，对样本县（区）的农户基本情况、农户借贷情况、农户参保农业保险情况和农户信誉情况分别进行简要的统计分析。

（一）样本农户基本情况分析

农户基本情况是影响农户是否获得贷款的基础性影响因素，本次问卷调查内容包括家庭人口基本情况（常住人口数、男性人数、劳动力人数、外出务工人数、在校学生数、最高受教育程度等）、从事经营活动情况（家庭主要从事的农业经营活动、实际经营耕地面积等）、收入状况（家庭总收入、农业总收入等）、家庭成员构成情况（是否是党员、是否是村干部、是否是金融机构工作人员）等。根据对样本农户信息的汇总处理结果，下面分别进行具体描述和分析。

1. 农户家庭人口基本情况

从图 4-1 可以看出，在 1942 个有效样本中，家庭常住人口数在 2 人及 2 人以下户数最少，仅为 78 户，占比 4%；人口数在 3 人的为 281 户，占比为 14.5%；人口数在 4 人的为 740 户，占比为 38.1%；人口数为 5 人的为 449 户，占比为 23.1%；人口数在 6 人的为 289 户，占比为 14.9%；人口数在 7 人及 7 人以上的农户数迅速下降，仅为 115 户，占比为 5.9%。这说明农户家庭人口中 4 人居多，这和目前多数研究中所调查的结果是一致的。在家庭人口性别上，男性人口 1 人及 1 人以下的为 259 户，占比为 13.3%；2 人的户数最多，为 1021 户，占比为 52.6%；3 人的户数为 548 户，占比为 28.2%；4 人及 4 人以上的为 114 户，占比为 5.9%，具体如图 4-2 所示。

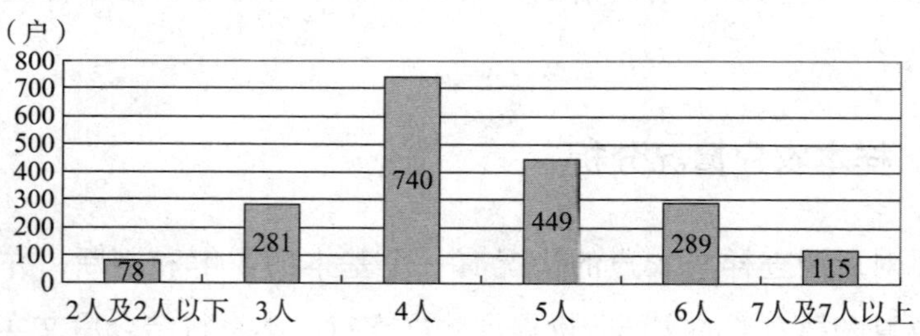

图 4-1 农户家庭常住人口情况

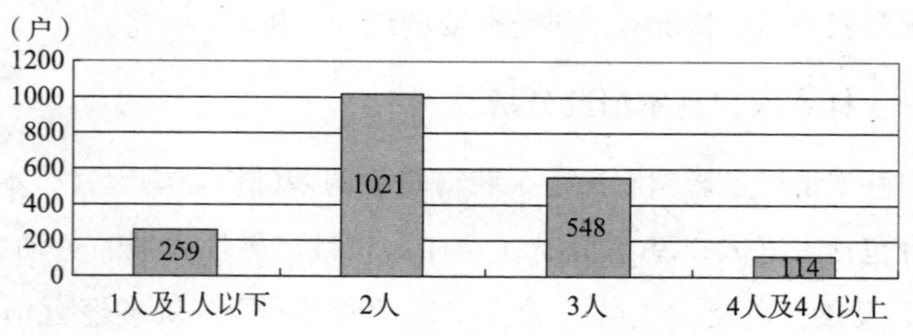

图 4-2 农户家庭男性人数情况

农户在校学生人数统计中，没有学生的家庭为 449 户，占比为 23.1%；有 1 个学生的农户家庭为 735 户，占比为 37.8%；有 2 个学生的家庭为 643 户，占比为 33.1%；有 3 个及 3 个以上学生的家庭仅有 115 户，占比为 5.9%。以上统计数据比较符合我国农户家庭人口结构现状（如图 4-3

所示）。

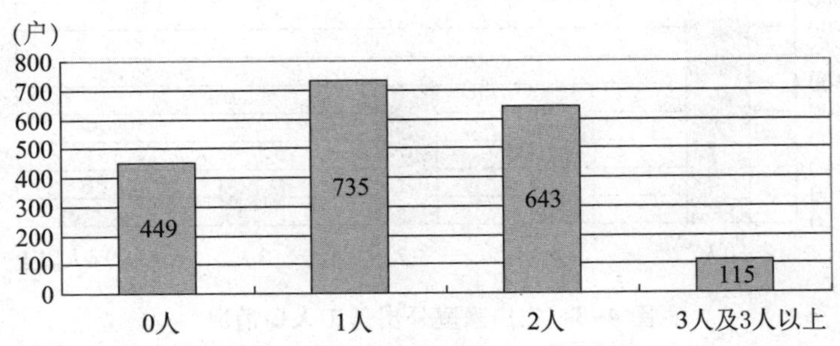

图 4-3　农户家庭在校学生人数情况

从图 4-4 可以看到，家庭劳动力人数为 1 人及 1 人以下的农户数是 117 户，占比为 6.0%；家庭劳动力人数为 2 人的有 787 户，数量最多，占比为 40.5%，说明在农户家庭中，夫妻双方为主要劳动力的家庭居多；家庭劳动力人数为 3 人的有 484 户，占比为 24.9%；家庭劳动力人数为 4 人的有 434 户，占比为 22.3%；家庭劳动力人数为 5 人及 5 人以上的仅有 116 户，占比为 6.0%。

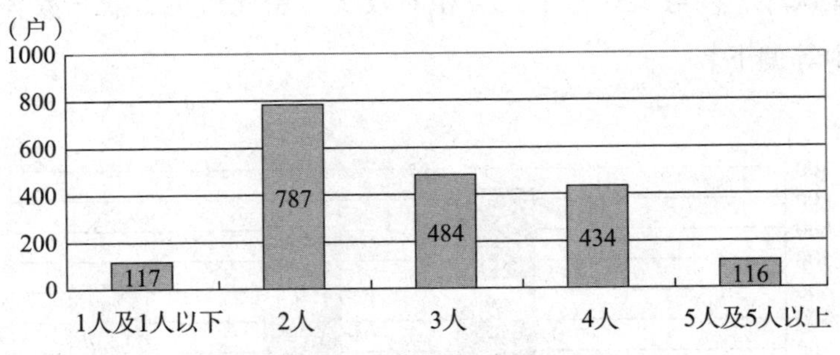

图 4-4　农户家庭劳动力人口情况

对农户家庭中外出务工人口数进行统计分析发现，没有外出务工的农户数量最多，为 730 户，占比为 37.6%，说明有一定比例的农户选择在家从事生产经营活动；1 人外出务工的农户有 502 户，占比为 25.9%；2 人外出务工的农户有 493 户，占比为 25.4%；3 人外出务工的农户有 161 户，占比为 8.3%；4 人及 4 人以上外出务工的农户非常少，只有 56 户，占比为 2.9%（如图 4-5 所示）。

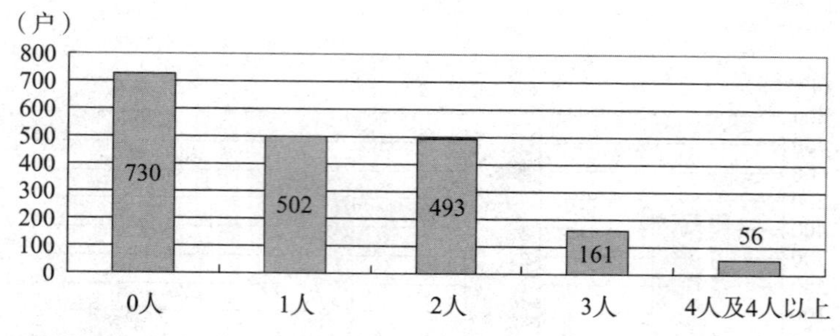

图 4-5　农户家庭外出务工人口情况

家庭成员中受教育程度为小学及小学以下文化程度的农户有 166 户，占比为 8.5%；初中文化程度的农户有 734 户，占比为 37.8%；高中及中专文化程度的农户有 614 户，占比为 31.6%；大专及大专以上文化程度的农户有 428 户，占比为 22.1%（如图 4-6 所示）。如果按照目前较为通用的有关文化程度分类的标准，即将初中及初中以下文化程度定为初等文化水平，高中及中专文化程度定为中等文化水平，大专及大专以上文化程度定为高等文化水平，那么可以看出，初等文化水平占比重最大，中等文化水平占比次之，高等文化水平人数相对较少，由此可见，农户整体文化水平处于中等偏下。

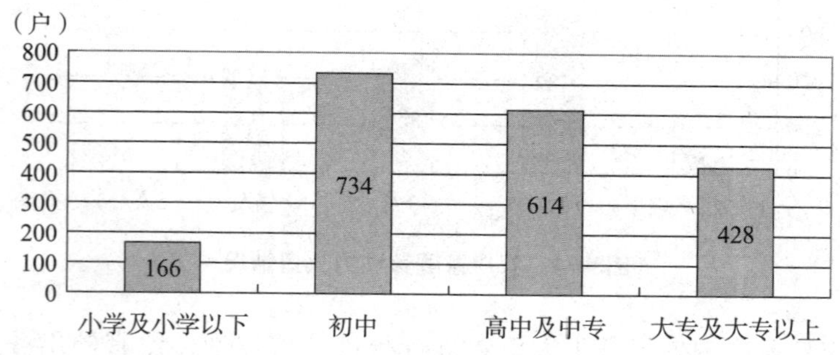

图 4-6　农户家庭受教育程度情况

通过以上的统计分析可以看出，在所有调查样本农户中，农户家庭人口数为 4 人的居多，占比接近 40%，其次是 5 人家庭，占比接近 25%，家庭人口数比较符合我国大多数农户家庭人口数量现状；家庭成员中男性人数是 2 人的居多，占比 50%以上，而且家庭劳动力人数也是 2 人居多，占比超过40%，在校学生数以1人和2人居多，占比超过70%，家庭结构相对比较合理。进一步对家庭劳动力外出务工情况进行分析发现，对于外出务工的农户来讲，1人或者选择夫妻2人外出打工的农户居多，占比超过50%，值得注意的是，没有外出务工的农户也非常多，占比将近40%，这可能说明农民工外出打工热潮正在逐渐降温，更多农户愿意选择在家乡从事农业或者非农业生产，这为农村金融政策设计，进而提高农户资源配置效率和促进收入增长提供了必要的基础条件。对农户家庭受教育程度进行统计发现，将近40%农户家庭文化程度为初中水平，其次是高中及中专文化程度，占比超过30%，大专及以上文化程度农户仅占20%左右，而小学及以下文化水平仅占8.6%，文化水平总体处于中等偏下。因此，在农户普遍受教育程度偏低的情况下，更应通过多方协作来帮助农户提升自身的生产生活水平。

2. 农户从事经营活动情况

对农户从事生产经营活动情况进行统计分析发现，从事农业生产活动的农户为1762户，占比为90.8%；从事林业生产活动的农户为35户，占比为1.8%；从事畜牧业经营活动的农户为84户，占比为4.3%；从事渔业经营活动的农户为15户，占比为0.8%；从事农产品加工业经营活动的农户为46户，占比为2.3%。由此可见，农户主要生产经营还是以农业生产为主，这也充分印证了河南省是农业大省，在全国粮食主产区具有核心地位（如图4-7所示）。

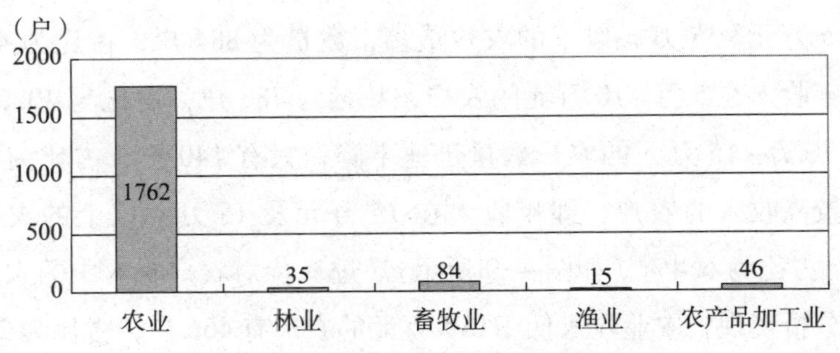

图4-7　农户家庭生产经营活动情况

进一步对农户农业生产中实际经营耕地面积进行统计发现，家庭承包经营耕地面积在5亩以下的最多，有1247户，占比为64.2%；经营耕地面积在5~10亩的农户有525户，占比为27%；经营耕地面积在10~15亩的农户数量迅速降低，为88户，占比为4.5%；经营耕地面积在15亩及15亩以上的只有69户，占比为3.6%，具体分布情况如图4-8所示。随着耕地面积的增加，农户数量递减迅速。由此可以看出，农户家庭承包经营土地面积以小规模经营为主，只有极少数的农户实现了规模经营，并且经营耕地面积在5亩以下的农户多数为自家分配的土地，并没有承包他人土地经营，这样的农户占比达六成以上，由此可见，目前农户的生产依旧是小规模自主小农生产，大规模的土地流转在河南省还没有全面展开，地少人多的局面短期内不会有大的改变。

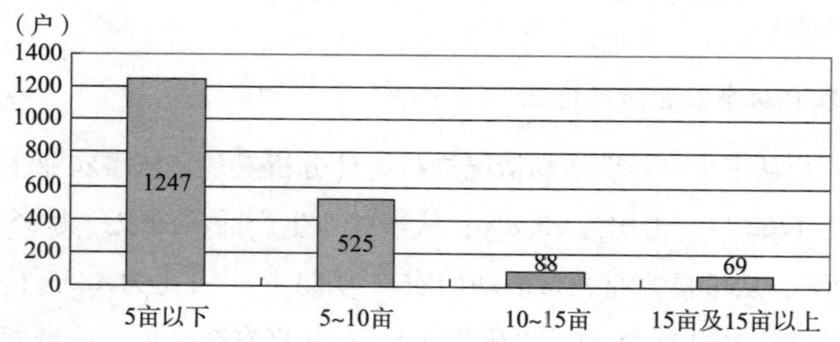

图4-8　农户家庭经营耕地面积情况

3. 农户收入状况

农户收入状况总体来看还是中低收入居多。从具体的数量分布来看，年收入5万元及5万元以下的农户最多，数量为884户，占比为45.5%；其次是年收入在5万~10万元的农户，数量为788户，占比为40.6%；年收入在10万~15万元的农户数量迅速下降，只有140户，占比为7.2%；而具有较高收入的农户，即年收入在15万元及15万元以上的农户只有125户，占比为6.4%（如图4-9所示）。进一步对农户收入中的农业总收入进行分析发现，农业收入低于0.5万元的农户有466户，占比为23.9%；农业收入在0.5万~2万元的农户有908户，占比为46.8%；农业收入在2万~4万元的农户有360户，占比为18.5%；农业收入在4万元及4万元以上的农户有 187 户，占比为 9.6%（如图 4-10 所示）。中国社会科学院对中等收入劳动者进行了界定，由于各省份经济发展状况、生活成本、就业状况和人力资本结构不同，各省份对中等收入者的划分标准也有所不同，根据地区差异，河南省中等收入的劳动者为年收入在 5 万～14 万元[①]。由此可以看出，所调查数据中有接近一半的农户收入在 5 万元以下，收入水平偏低，如何促进农民增收问题依然是“三农”问题的重中之重。

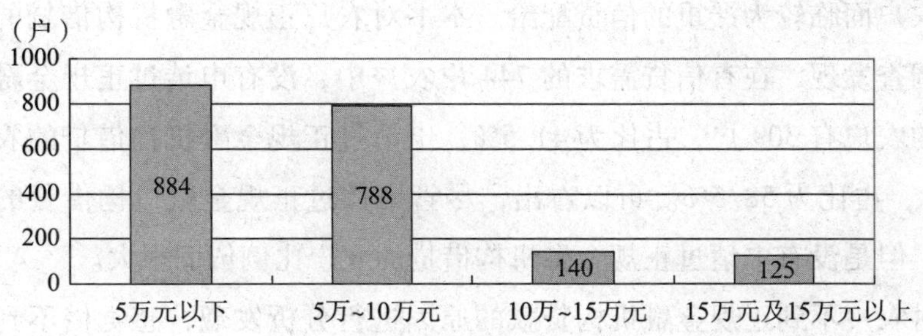

图 4-9　农户家庭总收入情况

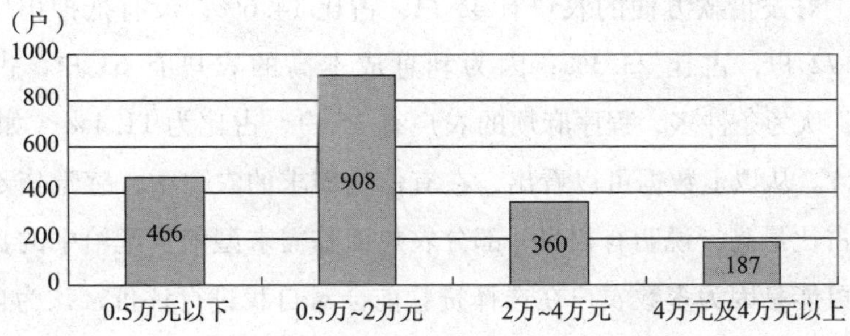

图 4-10　农户家庭农业总收入情况

此外，本次调查还对农户家庭成员构成情况，即家庭成员中有无党员、村干部和金融机构工作人员的情况进行调查，有党员的农户有 387 户，占比为 20%；有村干部的农户有 146 户，占比为 7.5%；有在金融机构工作的农户有 84 户，占比为 4.3%。作为重要的社会资本，这些变量对农户信贷可得性和获得信贷额度的多少会产生一定的影响，本书将在第五章、第六章和第七章节进行详细的分析和论述。

---

① 中国社会科学院城市发展与环境研究所网站．城市蓝皮书（2011）［EB/OL］．http：//iue.cass.cn/xshd/201609/t20160930_3223046.shtml，2011-09-30.

（二）样本农户借贷情况分析

1. 农户申请借贷的情况

在我国广大农村地区，金融市场的发展仍旧相对滞后，由于信息不对称和农户自身的特征，农村金融机构对农户，尤其是小规模经营的农户仍然设定较高的准入门槛，又由于缺乏足够的资金支持和有效的金融服务供给，农户面临较为严重的信贷配给。本书对农户正规金融机构借贷的情况进行调查发现，在有信贷需求的744户农户中，没有申请过正规金融机构借贷的农户有309户，占比为41.5%，申请过正规金融机构借贷的农户有435户，占比为58.5%。可以看出，尽管申请过正规金融机构借贷的农户过半，但是没有申请过正规金融机构借贷的农户比例依旧很大。

对农户不到正规金融机构贷款的原因进行分析发现，感觉借不到款的农户最多，有94户，占比有信贷需求但没有借款农户的30.4%；认为没有跟亲朋好友借款方便的农户有45户，占比14.6%；没有抵押担保品的农户有72户，占比23.3%；因为利息成本高的农户有63户，占比为20.1%；认为条件多，程序麻烦的农户有35户，占比为11.4%（如图4-11所示）。从以上数据可以看出，在有信贷需求的农户中，感觉贷不到款的农户占比最高，说明有相当一部分农户面临需求型信贷配给中的自我配给。这可能是因为多数农户在选择贷款前会对自我进行评价，认为自身会被金融机构排斥在外，感觉借不到款从而选择放弃贷款申请。此外，还有没有抵押担保品从而放弃贷款的农户占比为23.3%，仅次于感觉贷不到款的农户，这也在一定程度上证明了广大农户确实存在缺乏抵押担保品的事实。

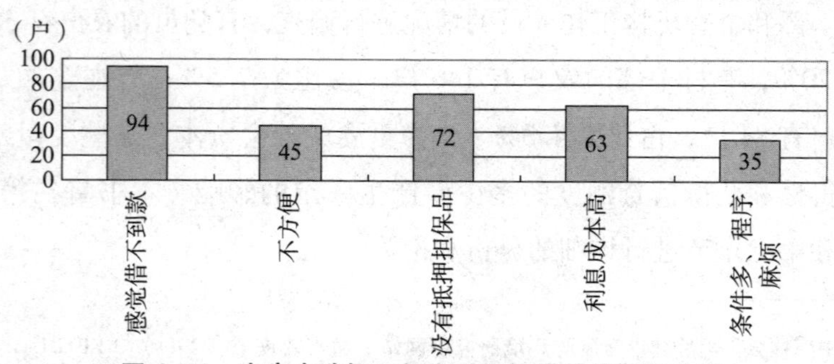

图4-11　农户未选择正规金融机构贷款的原因分析

2. 农户获得借贷的情况

对提出正规金融机构借贷申请的农户进行分析发现，在提出正规金融机构借贷申请的435户农户中，获批信贷资金的农户只有232户，仅占提出贷款申请农户的一半，而未获批信贷资金的农户有203户，由此可以看出，有近一半农户受到农村金融机构的信贷服务配给。对获得正规金融机构借贷资金的232户农户所获得的资金数量进一步进行追问后发现，实际借贷资金数量与所申请借贷资金数量一致的农户只有128户，占比获批信贷资金农户的55.2%，占比提出正规金融机构借贷申请农户的29.4%，占比有借贷需求农户的17.2%。而实际贷款资金数量小于所申请贷款资金数量的农户有104户，占比获批信贷资金农户的44.8%，占比提出正规借贷申请农户的23.9%，占比有信贷需求农户的13.9%。由此可见，同样有近一半农户受到农村金融机构的信贷数量配给。

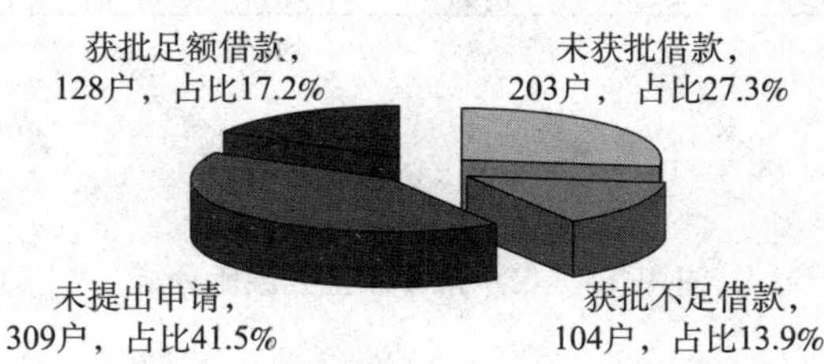

图4-12　农户家庭获得正规借款情况

通过以上分析数据，结合图4-12可以清楚地看到，在有信贷需求的农户中，提出信贷申请并获得足额信贷资金的农户仅占17.2%，有超过80%的农户面临农村金融机构各种类型的信贷配给，其中农户面临需求型信贷自我配给占比为41.5%，面临供给型信贷配给占比为41%，其中数量配给占比为13.9%，服务配给占比为27%。由此可见，农户面临的金融约束程度依旧比较明显，农户缺乏必要的金融支持，信贷配给现象的确存在，也说明农户面临比较明显的金融抑制，普惠金融普及程度不够，这也是本书研究内容的基本起点和现实依据。

（三）样本农户参保农业保险情况分析

对农户购买农业保险情况进行调查发现，购买农业保险的农户仅有456户，占比仅为23.48%。说明河南农户的农业保险参保率相对较低。进一步对农户没有参保的原因进行分析发现，选择“保费太高”的农户有480户，占比为17.4%；选择“没有必要参保”的农户有418户，占比为15.1%；选择“购买不方便”的农户有143户，占比为5.2%；选择“没有合适的险种”的农户有83户，占比为3.0%；选择“参保手续烦琐”的农户有226户，占比为8.2%；选择“不了解农业保险”的农户有906户，占比为32.8%（如图4-13所示）。

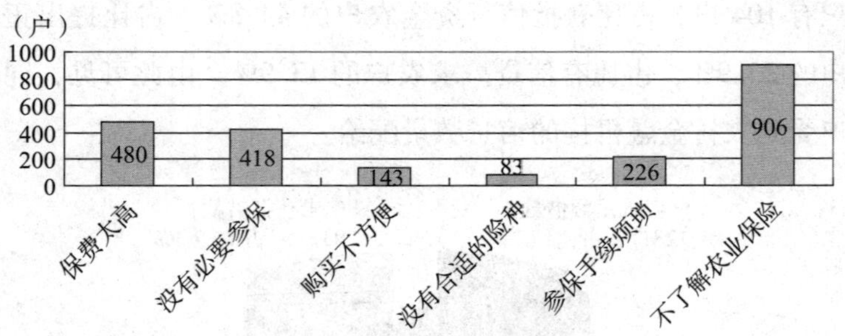

图4-13　农户未参保主要原因分析

通过以上统计分析可以看出，对农业保险不了解的农户最多，这说明河南省农业保险的推广率和普及率相对较低，大多数农户对农业保险政策、法规不了解，这自然会导致农户农业保险参保意识不强，参保率低的现象。此外，对已经推广农业保险的地区农户进行调查分析发现，因为保费太高和参保手续烦琐等原因而选择不参保的农户数量相对较多，说明农业保险在推广过程中，一方面应进一步发挥政府职能，通过引入政策性财政资金来加大农业保险补贴力度，降低农业保险的参保费率，另一方面保险机构应简化农业保险手续办理和参保流程，提升农业保险服务效率。此外，也有部分农户觉得没有必要参保，说明农户对农业保险参保的必要性认识不足，缺乏必要的风险防范意识，因此，政府和保险公司应加大农业保险的宣传力度，提升农户对农业保险的认识和认可度。

此外，本次调查还对农户购买农业保险意愿情况进行了调查，对于

“如果有政府补贴，您是否愿意购买农业保险”的问题，选择愿意购买的农户数量高达 1414 户，占比为 72.8%；对于“如果您有从银行或信用社贷款的意愿，而购买农业保险有助于从银行获取更多贷款，您是否愿意购买农业保险”的问题，选择愿意购买的农户数量高达 1452 户，占比为 74.8%；对于“如果农业经营风险很大，您是否愿意选择保费较高的农业保险险种”的问题，选择愿意购买的农户数量高达 1235 户，占比为 63.6%；对于“您是否愿意购买农业保险规避风险保障自己的还款能力”的问题，选择愿意购买的农户数量高达 1384 户，占比为 71.3%。通过以上有关农业保险购买意愿的调查可知，农户农业保险的购买意愿强烈，尤其是如果购买农业保险有助于获得银行贷款，农户的购买意愿高达 74.8%，这也使“农业保险+信贷”模式的开展具有了可行性，此外，还应进一步加大农业保险的政府补贴力度，有效转化农户参保意愿为真实的参保行动，从而降低农户农业经营风险，有效保障其还款能力。

（四）样本农户信誉情况分析

本书通过 2 个维度对农户信誉进行测量，分别为“农户获得各项荣誉称号、政府表彰情况”以及“农户信誉他人评价情况”。

在被调查农户中，有获得各项荣誉称号或政府表彰的农户为 643 户，占比为 33.1%；而对农户信誉他人评价情况则按照“优、良、中、差”进行分类，其中获得农户信誉他人评价为“优”的农户为 489 户，占比为 25.2%；获得农户信誉他人评价为“良”的农户为 851 户，占比为 43.8%；获得农户信誉他人评价为“中”的农户为 556 户，占比为 28.6%；获得农户信誉他人评价为“差”的农户为 36 户，占比为 1.9%。本书将获得各项荣誉称号或政府表彰农户和获得信誉他人评价为“优”的农户定义为高信誉农户，将农户数据进行分类统计后进行合并，只要满足其中一类条件即可被认定为高信誉农户，因此，将该两类农户进行合并，剔除重复数量后得高信誉农户数量为 705 户，占比为 36%。说明在被调查农户中，有超过 1/3 的农户具有高信誉，具有一定的信誉基础。具体如图 4-14和图 4-15 所示。

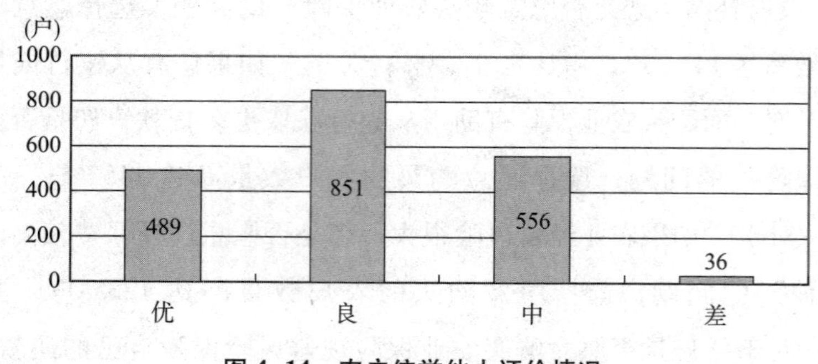

图 4-14　农户信誉他人评价情况

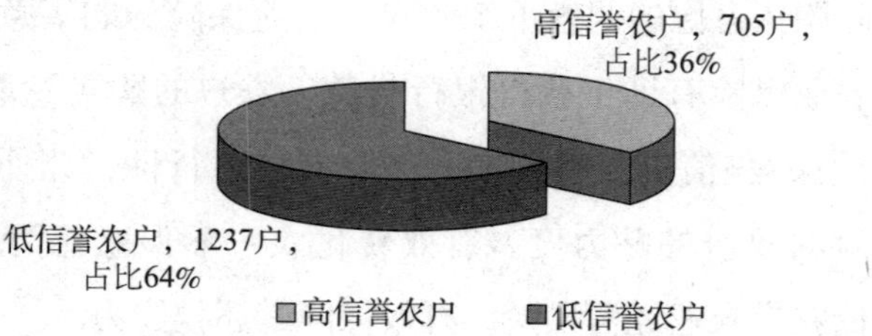

高信誉农户，705户，占比36%

低信誉农户，1237户，占比64%

■高信誉农户　■低信誉农户

图 4-15　农户信誉高低占比情况

此外，本书还对农户获得信用评级和授信额度情况进行了调查统计，获得信用评级的农户数量不多，仅为 174 户，占比为 9%。进一步对获得信用评级农户所获得的授信额度进行分析发现，授信额度在 5 万元及 5 万元以下的农户有 105 户，占比为 61%；授信额度在 5 万~10 万元的农户有 42 户，占比为 24.4%；授信额度在 10 万~15 万元的农户数量迅速下降，仅有 7 户，占比为 4.1%；授信额度在 15 万元及 15 万元以上的农户数量有 18 户，占比为 10.5%。河南省正规金融机构信用评级授信额度一般在 0 万~50 万元，从数据来看，授信额度在 5 万元以下的超过六成，授信额度偏低，授信额度非常有限。

通过以上统计数据发现，在被调查农户中，具有高信誉的农户，即获得各类荣誉称号、政府表彰和他人好评农户占比为 36.3%，说明农户具有一定的信誉基础，因此开展以农户信誉特征为主要参考的农户贷款活动具有一定的可行性。此外，从农户所获得的信用评级状况来看，获得信用评级农户数量非常少，占比仅为 9%，即便是获得信用评级的农户，所获得的授信额度也非常有限，这说明在广大农村地区，农户信用评级活动并没有被真正利用起来优化农村信贷业务，农村信用贷款还没有真正发展起来，存在较大的发展空间。

此外，本书在问卷调查的基础上，还运用了访谈法进行了实地调研。调研对象为开封市人民银行、兰考县人民银行和兰考县农村商业银行、开封新东方村镇银行以及对开封周边地区的县村镇（兰考县谷营镇霍寨村、祥符区西姜寨乡白庄村）进行了农户的实地调研，访谈内容包括农村金融政策的制定、金融机构农村信贷工作开展情况以及农户获得普惠金融支持获得贷款情况。在访谈中还着重选择了获得“产业发展助力贷”支持的，在种植专业合作社中种植香菇的种植户、养殖蛋鸡的养殖户以及返乡自主创业的个体户作为个案进行研究，具体内容在第九章进行详细介绍。

第五章

农业保险信号传递效应分析及实证检验

一、农业保险对农户信贷可得的作用机理与实证假设

（一）农业保险作为农户还款能力信号的可行性

农村金融市场的健康发展对于解决“三农”问题，以及发展农村经济和提高农民生活水平具有重要意义。但由于农业生产的不确定性，以及农户与金融机构之间的信息不对称，加之农户缺少合意的抵押品，金融机构通常难以有效控制信贷风险，所以对农户实施信贷配给，农户较一般企业组织的金融抑制问题更为严重。近年来，学者们就有关抵押品替代进行了理论探索，研究表明，社会资本、小组联保、声誉和农户收入等要素具有一定的抵押品替代功能，在贷款合约的设计中如果考虑以上因素，能够在一定程度上降低银行信贷风险，缓解农户所受到的信贷配给。但是就农户的还款能力而言，归根结底还是在于如何有效降低农业生产的不确定性，以上信号并不能有效降低农业生产本身的风险。如果能够选择一种信号，既能作为农户有效抵押品的替代信号，又能有效降低农业生产中的经营风险，这必将增强农户信贷的效率，实现农业信贷资源配置的“帕累托改进”。农业保险的引入是对此的有益尝试。

早在 2009 年，中央一号文件就首次提出了要探索建立农村信贷与农业保险相结合的银保互动机制。2016 年，中央一号文件再一次提出加快农业现代化建设，继续建立涉农信贷和农业保险联动机制，积极探索用农业保险单证破解农户抵押担保难的瓶颈，并在继续加大农村普惠金融力度方面着重提出了“保险金融”一词，这为推动农业保险和农户信贷互动提供了

有力的政策支撑。农业保险不仅具备分散风险、补偿损失的功能，而且能提高农业生产的抗灾能力。农业保险通过保障农业经营收入，进而有效降低信贷资金风险，切实增强金融机构对农业信贷的信心，缓解金融机构与农户之间信息不对称程度，实现多方主体效用不受损害前提下总体效用的提高。这样，在农户信贷合约中引入农业保险就具有重要的实践价值。因此，本章以农业保险作为农户还款能力的抵押品替代信号，通过构建借贷双方净收益模型和双方效用最大化模型研究农业保险对农户信贷可得性和最优贷款额度的内在作用机理，探讨保险和信贷共生互动的内在作用条件，并在此基础上提出实证假设，利用河南农户的调查数据进行实证检验，为有针对性地提出基于农业保险，增加农户信贷可得性的对策和建议提供理论支撑和实证支持。

（二）农业保险影响农户信贷可得的理论分析与实证假设提出

1. 模型基本假设

（1）假定银行的贷款利率为 r，贷款方式为到期一次还本付息，则还本付息率 $R=1+r$。银行的无风险利率为 r_0。银行对农户申请贷款的审核成本为 C_C。

（2）假定农户是同质的，即农户的风险类型和经营内容相同，经营成功的概率为 p，经营失败的概率为 $1-p$。农户有参保和未参保两种选择。所有农户经营成功会选择还本付息，参保农户如果经营失败即可得到保险公司的保险赔偿（经营失败仅限因自然灾害等原因并且在保险公司正当赔付范围内）并用来支付银行贷款，未参保农户如果经营失败则选择违约不偿还贷款。

（3）由于农户的生产经营活动和企业一样，都以追求收益最大化为目的，所以本书农户的收益函数 U 以 Cobb-Douglas 函数形式表示，即：

$$U(D)=AL^{\alpha}D^{\beta},A>0,L>0,D>0,U>DR \tag{5-1}$$

其中，A 代表农户现有生产技术水平，L 代表劳动力数量，假定在短期内，该两项参数不会发生大的变化，故 A 和 L 保持不变。D 代表资本投入，本书假定资本投入为农户贷款数量，并且农户的收益严格大于资本投入量。α、β 分别是产出对劳动 L 和资本 D 的弹性，并且 $0<\alpha<1$，$0<\beta<1$。

（4）农户如果选择参保，则参保保费为 C，$C>0$，若因自然灾害原因经营失败，则收到保险赔偿额为 kD，其中 k 为保险赔偿率，$0\leqslant k\leqslant 1$，即保险赔偿金额与资本投入量 D 相关，银行为第一受益人。

（5）农户经营失败后因违约导致的社会惩罚为 T，$T(D)=\lambda D$，$T(D)\geqslant 0$，且 $\lambda\geqslant 0$，λ 称为单位惩罚率，即贷款数量越大，违约不还款所导致的社会惩罚就越大。目前，社会上有关违约不还款惩罚的方式比较多，尤其在互联网和大数据时代背景下，跨行联合惩戒开始实施，如对违约贷款人在征信、出行、住宿、通信、车辆登记、婚姻登记等方面给予限制。本书所指社会惩罚包括以上各种形式的惩戒。

2. 模型构建与研究假设的提出

（1）两类农户净收益比较分析

未参保农户净收益

$$\begin{aligned} W_1 &= (U-DR)p-T(D)(1-p) \\ &= ApL^{\alpha}D^{\beta}-DRp-\lambda D(1-p) \end{aligned} \tag{5-2}$$

参保农户净收益

$$\begin{aligned} W_2 &= (U-DR-C)p+(kD-C-DR)(1-p) \\ &= ApL^{\alpha}D^{\beta}-DR+kD(1-p)-C \end{aligned} \tag{5-3}$$

对于理性农户而言，选择参保与否取决于参保是否比未参保获得更多的经营收益，记 W 为参保与未参保两种情况下经营收益的差额，则有：

$$W=W_2-W_1$$

$$W=ApL^{\alpha}D^{\beta}-DR+kD(1-p)-C-ApL^{\alpha}D^{\beta}+DRp+\lambda D(1-p)$$

$$W=(1-p)(k+\lambda-R)D-C \tag{5-4}$$

假定农户参保比不参保获得的经营收益高，即 $W\geqslant 0$，则：

$$C\leqslant(1-p)(k+\lambda-R)D \tag{5-5}$$

通过以上分析可知，只要保费不超过 $(1-p)(k+\lambda-R)D$，则参保一定比不参保所获得的收益高。由此，我们最终得出农户选择参保的条件，即

$$C \leqslant (1-p)(k+\lambda-R)D$$

通过以上公式的计算，可以得到以下结论：

对于农户来讲，参保需要花费一定的保费成本，他们需要权衡保险收益和成本之间的关系。因此，对于农户来讲，参保与否取决于保费水平的高低。农户可接受的保费水平又取决于贷款数量、违约惩罚、农户经营风险和保险赔偿率等因素，并且均为正相关关系。贷款数量越大，农户生产经营的规模越大，经营风险就越高，因此农户愿意支付的保费就越高；对农户的违约惩罚越严厉，农户的投机行为就会越少，其通过参保降低风险的动机就越强，农户越愿意选择参保；农户经营风险越高，保费的浮动范围也越大，正是因为农业经营的高风险性，即使是需要较高的农业保险保费，参保也会比不参保所获得的期望收益高。如果保险赔偿率高，保险公司出于收益的考虑会要求缴纳较高的保费，因此上述计算中保费与保险赔偿率呈正相关也符合实际。

由此，本书提出以下研究假设：

假设1：对于农户而言，选择参保与否取决于保费水平的高低。

假设2：在一定条件下，相比未参保农户，参保农户可获得更多的生产收益。

（2）银行净收益分析

向未参保农户发放贷款后净收益：

$$\begin{aligned} M_1 &= [DR-(1+r_0)D-C_c]p+[-(1+r_0)D-C_c](1-p) \\ &= DRp-(1+r_0)D-C_c \end{aligned} \tag{5-6}$$

向参保农户发放贷款后净收益：

$$\begin{aligned} M_2 &= [DR-(1+r_0)D-C_c]p+[kD-(1+r_0)D-C_c](1-p) \\ &= DRp-(1+r_0)D-C_c+kD(1-p) \end{aligned} \tag{5-7}$$

由于 $kD(1-p) \geqslant 0$，所以 $M_2 \geqslant M_1$，对于银行而言，在贷款额度一定的情况下，向参保农户发放贷款所获得净收益要高于向未参保农户发放贷款所得净收益。由于农业经营风险的存在，参保比不参保农户拥有保险保障，所以对于银行而言，更倾向于向参保农户发放贷款。

由此提出以下研究假设：

假设 3：银行更倾向于向参保农户发放贷款，换言之，参保农户更容易得到银行贷款，参保可以增加农户信贷可得性。

（三）农业保险对最优贷款额度影响的理论分析

1. 模型构建与研究假设的提出

通过上述模型分析，尽管可以得出参保可以增加农户信贷可得性的结论，但上述模型均为从借款人（农户）和贷款人（金融机构）单一角度进行分析，而借贷双方最优贷款额度的确定应是以追求社会效益，即双方福利最大化为目的，因此，本书将农户效用和金融机构效用放在同一分析框架中，构建体现双方福利最大化的社会总效用模型 $O=W+M$。

2. 未参保条件下农户最优贷款额度模型

$$\begin{aligned} O_1 &= W_1+M_1 \\ &= ApL^{\alpha}D^{\beta}-DRp-T(1-p)+DRp-(1+r_0)D-C_c \\ &= ApL^{\alpha}D^{\beta}-[\lambda(1-p)+1+r_0]D-C_c \end{aligned} \tag{5-8}$$

由拉格朗日函数可知，求上式最大值需满足一阶条件$\frac{\partial O_1}{\partial D}=0$。故有：

$$\frac{\partial O_1}{\partial D}=A\beta pL^{\alpha}D^{\beta-1}-[\lambda(1-p)+1+r_0]D=0,$$

则有

$$D_1=\left[\frac{\lambda(1-p)+1+r_0}{A\beta pL^{\alpha}}\right]^{\frac{1}{\beta-1}} \tag{5-9}$$

3. 参保条件下农户最优贷款额度模型

$$\begin{aligned} O_2 &= W_2+M_2 \\ &= ApL^{\alpha}D^{\beta}-DR+kD(1-p)-C+DRp-(1+r_0)D-C_c+kD(1-p) \end{aligned} \tag{5-10}$$

同理，求最大值需满足一阶条件$\frac{\partial O_2}{\partial D}=0$。故有：

$$\frac{\partial O_2}{\partial D}=A\beta pL^{\alpha}D^{\beta-1}-(1+r_0)-R(1-p)+2k(1-p)=0$$

由此，$A\beta pL^{\alpha}D^{\beta-1}=1+r_0+(1-p)(R-2k)$

$$D_2=\left(\frac{1+r_0+(1-p)(R-2k)}{A\beta pL^{\alpha}}\right)^{\frac{1}{\beta-1}} \tag{5-11}$$

比较 D_1 和 D_2，可知：

只要 $\lambda>R-2k$，则 $D_1<D_2$，银行对于参保农户的最优贷款额度会大于对于未参保农户的最优贷款额度。

由此本书得出以下研究假设：

假设4：在一定条件下，参保农户所得最优贷款额度高于未参保农户所得最优贷款额度，参保可以提高农户所得贷款额度。

（四）关于最优贷款额度的进一步讨论

对于 $R-2k$ 中的还本付息率 R，由于按照当前金融政策，银行对利率不具有自主决定性，因此利率相对统一固定，这里对其取值不再讨论，对于 k 的取值，下面分三种情况进行讨论：

假定保险机构给予经营失败的农户全额赔偿，即 $k=1$，则最优贷款额度为：

$$D_{k=1}=\left(\frac{1+r_0+(1-p)(R-2)}{A\beta pL^{\alpha}}\right)^{\frac{1}{\beta-1}} \tag{5-12}$$

此时，只要 $\lambda>R-2$，则 $D_1<D_{k=1}$。

一般情况下 $R<2$，而 $\lambda\geqslant 0$，显然，$D_1<D_{k=1}$。

即在农户参保获得全额赔偿的情况下，参保农户所得最优贷款额度一定大于未参保农户的最优贷款额度。

假定保险机构给予经营失败的农户一半赔偿，即 $k=1/2$，则最优贷款额度为：

$$D_{k=\frac{1}{2}}=\left(\frac{1+r_0-(1-p)(R-1)}{A\beta pL^{\alpha}}\right)^{\frac{1}{\beta-1}} \tag{5-13}$$

此时，只需 $\lambda>R-1$，即社会违约惩罚率超过贷款利息率（$\lambda>r$），则

$D_1<D_{k=1/2}$，银行对于参保农户的最优贷款额度会大于对于未参保农户的最优贷款额度。

极端情况下，保险机构没有给予经营失败的农户赔偿（农户自身原因导致经营失败，不在保险赔偿范围之内），即 $k=0$，则最优贷款额度为：

$$D_{k=0}=\left(\frac{1+r_0+R(1-p)}{A\beta pL^{\alpha}}\right)^{\frac{1}{\beta-1}} \tag{5-14}$$

此时，需要 $\lambda>R$，即社会违约惩罚率超过还款的本息率，则 $D_1<D_{k=0}$，银行对于参保农户的最优贷款额度会大于对于未参保农户的最优贷款额度。

通过以上计算可以看出，银行对于参保农户的最优贷款额度要大于对于未参保农户的最优贷款额度需要一定的条件，并取决于社会违约惩罚率 λ、银行还本付息率 R 以及保险公司保险赔偿率 k 的大小，并且这三者之间存在一定的相关关系。如果保险公司的保险赔偿率 k 很高（极端情况下为 1），则社会违约惩罚率 λ 即便是很低（极端情况下为 0），银行对于参保农户的最优贷款额度也会大于对未参保农户的贷款额度；但是随着保险赔偿率 k 下降，对社会违约惩罚的力度要求增加，当保险赔偿率 k 降为1/2时，社会违约惩罚率不能低于贷款的利息率 r，极端情况下，最终保险赔偿率 k 下降直至 0，对社会违约惩罚率 λ 的要求达到最大，即此时银行对于参保农户的最优贷款额度才会大于对于未参保农户的最优贷款额度。

以上分析表明，农业保险要作为抵押品替代信号，降低农户信贷配给程度需要一定的条件。但总体来讲，社会违约惩罚率越大，保险赔偿率越高，则农业保险的信号传递功能越强。因此，如果政府部门或者金融机构能够加强对农户违约的惩罚力度，能够推动保险机构加大农业保险的赔偿率，银行才有动机为农户提供更多的贷款。

二、实证检验结果分析

（一）数据来源、模型设计与变量度量

1. 数据来源

本书所采用的数据来自对中原经济区主要省河南省进行实地调查的数据。本书第四章已做详细介绍，这里不再赘述。

同时，为了控制其他因素的影响，本章还选择了以下变量进行分析：2015 年末家庭常住人口数、家庭中 16 岁以上劳动力人数、在校学生数、外出务工人口数、劳动力受教育程度、党员情况、村干部情况、家庭总收入、农业总收入、家庭实际耕地（林地）面积等。模型中各变量的定义、取值说明及描述性统计分析详见表 5-1。

表 5-1　变量定义及描述性统计分析

变量	含义	取值说明	均值	标准差
number	家庭常住人口	2015 年末家庭常住人口数	4. 49	1. 30
labor	劳动力人数	16 岁以上劳动力人数	2. 82	1. 11
student	在校学生数	在校学生人数	1. 23	0. 91
outwork	外出务工人口数	2015 年外出务工劳动力人数	1. 14	1. 13
education	劳动力受教育程度	1 表示小学及小学以下，2 表示初中，3 表示高中或中专，4 表示大专及大专以上	2. 94	1. 30
mccp	党员情况	家庭是否有党员，1 表示有，0 表示无	0. 20	0. 42
cadre	村干部情况	家庭中有无村干部，1 表示有，0 表示无	0. 08	0. 27
income	家庭总收入	近三年来全年家庭各类年均收入总数（单位：万元）	7. 14	6. 12
agri income	农业总收入	近三年来全年家庭年均农业收入总数（单位：万元）	2. 24	2. 07
land	耕地（林地）面积	2015 年末家庭实际耕地面积（单位：亩）	5. 60	5. 34
get	信贷可得性	近三年来是否得到过正规金融机构贷款，1 表示有，0 表示无	0. 31	0. 46
cre	借款数量	近三年来正规金融借款金额（单位：万元）	2. 70	5. 13
ins	农业保险	是否参保农业保险，1 表示有，0 表示无	0. 24	0. 36
C	保费水平	参保农户缴纳保费水平（单位：万元/亩）	0. 02	0. 06

2. 模型设计与变量度量

本章采用独立样本 T 检验方法进行单变量统计分析，为了进一步分析保费水平高低对农户是否选择参保的影响和影响强度的大小以及农户参保与否对信贷可得性的影响以及影响强度的大小，本章采用 Logit 回归模型进行实证检验，此外，为了进一步分析农户参保与否对信贷额度的影响以及影响强度的大小，本章采用 Tobit 回归模型进行实证检验。

Logit 模型和 Tobit 模型的基本表达式如下：

$$\mathrm{Logit}(p \mid ins_i=1)=\ln\left(\frac{p_{ins_i=1}}{1-p_{ins_i=1}}\right)=\alpha_0+\alpha_1 C_i+\alpha_2 X_i+\delta_i \tag{5-15}$$

$$\mathrm{Logit}(p \mid get_i=1)=\beta_0+\beta_1 ins_i+\beta_2 X_i+\varepsilon_i \tag{5-16}$$

$$cre_i^*=\beta_0+\beta_1 ins_i+\beta_2 X+\mu_i,\mu_i \sim N(0,\sigma^2)$$

$$cre_i=\begin{cases} cre_i^*, ifcre_i^*>0 \\ 0, ifcre_i^* \leqslant 0 \end{cases} \tag{5-17}$$

其中，$i=1$，2，…，n，表示第 i 个农户。*ins* 为虚拟因变量［式（5-16）和式（5-17）中为自变量］，表示“农户是否参加农业保险”；*get* 也为虚拟因变量，表示“近三年来是否从信用社、邮政储蓄等正规金融机构得到过贷款”；C 表示农业保险参保保费变量；X 表示农户及其家庭的禀赋特征变量；*cre* 为定距因变量，表示“近三年来从信用社、邮政储蓄等正规金融机构获得的贷款数量”；p 为各虚拟因变量发生时的概率；α 和 β 为偏回归系数；δ、ε 和 μ 分别表示随机误差项。

（二）实证检验结果分析

1. 单变量检验结果分析

（1）两类农户信贷可得性和信贷额度的检验结果分析

表 5-2 为按照农户参保与否进行分组的独立样本 T 检验结果。通过对两组农户信贷可得性的分析发现，参保农户的信贷可得性为 0.508，未参保农户的信贷可得性为 0.220。参保农户比不参保农户获得贷款的概率高

出 0. 288，并且在 1%水平下显著，说明参保确实增加了农户获得贷款的可能性。对农户所得贷款额度进行比较后发现，参保农户平均可获得 3. 133 万元贷款，而未参保农户平均可获得 2. 556 万元贷款，如果将显著性水平设定为 10%的话，则两类农户显著不同，两者之间相差 0. 577 万元，投保农户可获得的贷款数量明显高于未投保农户。

（2）两类农户收入情况的检验结果分析①

对参保农户的收入情况进行分析发现，参保农户子样本的年总收入平均为 8. 678 万元，而未参保农户子样本群体的年总收入平均为 6. 661 万元，两者相差 2. 017 万元，并且在 1%水平上显著不同（见表 5-2）。这说明农业保险对保障农户的生产经营收入具有重要的影响。进一步分析农业收入情况，尽管在农业收入金额上的差异没有通过显著性检验，这与多个影响因素有关，但可能的原因是农户在收入的具体来源上并没有明确区分开来，因为在问卷调查过程中发现，农户在填写问卷时，往往对总收入情况有较为明确的认识，却不能有效地区分农业收入和非农收入情况，这直接降低了该项数据调查的真实性和可靠性。尽管如此，从调查的数据样本来看，参保农户所获得的农业收入平均比未参保农户获得的农业收入多出 0. 843 万元。综上所述，假设 2 部分通过检验。

此外，对两类农户的其他基本特征进行检验分析发现，参保农户家庭劳动力数量、耕地面积显著高于未参保农户家庭劳动力数量和耕地面积。这主要是因为选择参保农业保险的农户往往具有充足劳动力，经营耕地面积较大，面临的风险更多，更倾向于投保。而学生人数、外出务工人数的增加一方面会降低家庭农业劳动力人口，同时也会增加家庭教育成本等非农支出，这会挤压农户的农业投入，因此，相比未参保农户，参保农户家庭学生人数和外出务工人数相对较少。其他特征变量两类农户差异不显著，不再列示说明。

① 本书中农户生产收益分别用农户总收入和农户农业收入来反映并做相应检验。

表 5-2　按农户是否参保分组的子样本描述性统计及 T 检验

变量名	参保农户子样本		未参保农户子样本		Differences	
	Mean	S. D	Mean	S. D	Mean	S. D
	(1)	(2)	(3)	(4)	(5) (1) - (3)	(6)
get	0. 508	0. 501	0. 220	0. 417	0. 288***	0. 238
cre	3. 133	6. 444	2. 556	4. 656	0. 577*	0. 329
income	8. 678	6. 685	6. 661	5. 857	2. 017***	0. 325
agri income	2. 887	4. 859	2. 045	2. 350	0. 843	1. 116
labor	3. 010	1. 094	2. 760	1. 109	0. 244***	0. 059
student	1. 130	0. 840	1. 260	0. 924	−0. 128***	0. 046
outwork	1. 020	1. 082	1. 170	1. 140	−0. 151**	0. 061
land	6. 908	7. 487	5. 190	4. 396	1. 718***	0. 370

注：***、**和*分别表示在 1%、5%和 10%统计水平上显著。

2. Logit 回归结果分析

本章在进行回归分析前，首先进行了各解释变量之间的 Pearson 和 Spearman 相关系数检验，以验证各解释变量之间是否存在共线性问题。检验结果发现，家庭常住人口、劳动力人数和在校学生数三变量之间存在多重共线性问题，考虑到本书研究对象主要是具有劳动力的农户，因此剔除家庭常住人口和在校学生数两个变量，保留劳动力人数变量。再次进行共线性检验发现，各解释变量之间的相关系数大多在 0. 50 以下，且 VIF 指标都小于 5，基本上不存在共线性问题，所以所选变量适合做回归分析，具体共线性检验结果不再列示。

为了进一步分析影响农户是否参保的因素及其影响强度的大小，本章采用 Logit 回归分析农户参保的保费水平高低以及农户其他特征变量对农户参保与否的影响。表 5-3 中，第（1）列是以农户是否参保为因变量，用 Logit 回归模型估计的结果，用于检验保费水平高低以及农户基本特征变量对农户选择参保与否的影响。从表中可以看到，保费水平的高低显著影响农户是否参保，影响系数是-3. 565，其对应的 Exp(B) 值为 0. 028，并且在 1%水平上显著负相关，即保费水平越高，农户选择参保的可能性越低。

由此假设1通过检验。

表5-3　农业保险与农户参保保费水平、信贷可得性和信贷额度关系的回归结果

变量	农户参保与否	Exp（B）	信贷可得性	Exp（B）	信贷额度	Std. Error
	（1）	（2）	（3）	（4）	（5）	（6）
劳动力人数	0.463***	1.589	-0.239**	0.788	—	—
外出务工人口数	-0.198***	0.821	—	—	—	—
受教育程度					0.600***	0.226
受教育程度（1）	1.969***	7.161	0.444**	1.558	—	—
受教育程度（2）	1.532***	4.628	0.431**	1.539	—	—
受教育程度（3）	1.118***	3.060	0.962**	2.616	—	—
受教育程度（4）						
耕地面积	0.068***	1.071	—	—	—	—
有无党员	0.420***	1.522	—	—	—	—
有无村干部	—	—	1.116***	3.053	3.415***	0.729
总收入	0.044***	1.045	0.057**	1.059	—	—
保费水平	-3.565***	0.028	—	—	—	—
是否购买农业保险	—	—	1.402**	4.273	1.100**	0.477
常量	-2.578	0.076	-1.907***	0.149	-2.446***	0.667
Predicted correct percentage	78.6%		85.2%		—	
Nagelkerke R^2	0.362		0.501		—	
似然比率					42.91***	
样本数	1942		1942		1942	

注：***、**和*分别表示在1%、5%和10%统计水平上显著。

从农户基本特征变量回归分析的结果看，劳动力人数对农户选择参保与否有显著的正相关关系，影响系数是0.463，其对应的Exp(B)值为1.589。劳动力人数决定家庭从事农业生产经营的规模，农业劳动力人数越多，说明家庭对农业生产的依赖性越强，越容易遭受自然灾害的影响，因此购买农业保险的可能性就越大。外出务工人数会减少家庭农业劳动力人口，因此，其对农户参保与否有负向显著影响，影响系数是-0.198，其对应的Exp(B)值为0.821。耕地面积对农户参保与否是显

著的正相关关系，影响系数是0.068，其对应的Exp(B）值为1.071。耕地面积越大，农户遭受农业损失的可能性越大，其就越倾向于购买农业保险来规避风险损失。以上回归分析也再次印证了独立样本T检验中相关变量的统计分析结果。农户受教育程度显著影响农户是否参保，对农户各等级受教育程度变量的参数值和Exp(B）值进行分析发现，农户受教育程度越低，其影响系数就越大，可能的原因在于农户学历越低，其厌恶风险的程度越高，而且低学历农户由于知识面有限，掌握的规避经营风险的手段和方法不多，只能通过参加农业保险来降低农业生产风险。家庭成员中党员身份对农户是否参保也具有显著的正向影响，影响系数是0.420，其对应的Exp(B）值为1.522。这主要是因为我国农业保险是政策性农业保险，在农业保险推广过程中，党员身份农户起到了重要的模范带头作用。总收入和是否参保农业保险在1%水平上正相关，影响系数是0.044，其对应的Exp(B）值为1.045。这说明农业保险对农户收入所具有的保障作用明显。

上述单变量检验结果分析中，通过独立样本T检验发现参保农户获得贷款的可能性和贷款额度显著高于未参保农户，但作为单变量统计分析，独立样本T检验是假定不受其他因素影响的情况下，单一变量的变化是否显著，其他变量的影响不予考虑，而现实情形则是一种结果的出现是受多个变量的影响，因此，为了进一步分析不同类型农户信贷可得性和信贷额度的影响因素以及影响强度的大小，本章进一步采用Logit回归模型和Tobit回归模型进行数据检验来验证假设的可信性。

本章采用Logit回归分析农户是否参保以及农户其他特征变量对信贷可得性的影响。表5-3中，第（3）列是以农户是否得到贷款为因变量，用Logit回归模型检验农户参保与未参保以及农户基本特征变量对农户信贷可得性的影响。从回归分析结果来看，参保农户更容易获得银行贷款，影响系数为1.402，Exp(B）值为4.273，影响系数最大，Exp(B）值最高，并且在5%水平上显著正相关。结合在前述独立样本T检验中的分析结果，由此，假设3通过实证检验。

从农户的总收入情况来看，农户总收入跟农户信贷可得性是显著的正相关关系，影响系数是 0. 057，其对应的 Exp（B）值为 1. 059。农户总收入的高低直接反映农户的还款能力，总收入的增加能够增加农户的还款能力，从而增加农户获得贷款的可能性。劳动力人数与农户信贷可得性是显著的负相关关系，影响系数是-0. 239，其对应的 Exp（B）值为 0. 788。家庭劳动力人口的增多，会带来更多的家庭收入来源，从而降低信贷需求，所以农业借贷对于该类农户获取经营收入来说已经不是主要考虑因素。受教育程度与信贷可得性呈显著正相关关系，并且随着学历水平的提升，对农户信贷可得性的影响系数变大，说明学历越高，农户获得信贷的可能性越高，高学历提升了信贷可得性。家庭成员中村干部的身份与信贷可得性也是显著的正相关，影响系数是 1. 116，对应的 Exp（B）值为 3. 053，在 1%水平上通过显著性检验，从影响系数大小来看，仅次于农户是否参保。村干部的身份具有社会资本效应，具有一定的资源和信息优势，加之又有稳定的工资收入，从而更容易得到金融机构的资金支持。①

3. Tobit 回归结果分析

表 5-3 中，第（5）列是以农户获得信贷额度为因变量，用 Tobit 回归模型分析得出的农户参保与否以及农户基本特征变量对农户信贷额度的影响。从第（5）列可以看到，农户是否购买农业保险对农户信贷额度的偏回归系数为正值，并且在 5%水平上通过统计检验。从结果来看，参保农户比未参保农户平均多获得贷款 1. 1 万元，结合单因素独立样本 T 检验的研究结论，假设 4 通过实证检验。

村干部对农户信贷额度有显著的正向影响，并且在 1%水平上通过统计检验。从偏回归系数来看，村干部身份所带来的信贷额度的增加值最高，有村干部的农户家庭比没有村干部的农户家庭平均多获得贷款 3. 415 万元，这再次印证了村干部身份能够产生一定的社会资本效应，银行据此会增加对其的放款额度。受教育程度也能够有效增加农户的信贷额度，并且在 1%水平上通过统计检验。从偏回归系数来看，学历每提高一个档次，

① 王性玉，任乐，赵辉．社会资本对农户信贷配给影响的分类研究——基于河南省农户的数据检验［J］．经济问题探索，2016（9）：172-181.

所获得的贷款额度平均增加 0.6 万元，说明学历的提升对贷款额度具有正向影响。

此外，为了保证模型的可靠性和研究结论的稳定性，本章采用了不同的变量筛选办法，分别用了条件参数估计和最大偏似然估计来进行稳健性检验，结论稳定。最终本章以最大偏似然估计法来估计并建立了模型，稳健性检验结果不再列示。

第 六 章

信誉信号传递博弈分析及实证检验

一、信誉作为农户还款意愿信号的可行性

在西方发达国家法制体系健全和征信体系完善的条件下，银行信贷损失主要是借款人还款能力不足，还款意愿已不是突出问题，但在我国法律制度不够健全及农村金融市场信用环境较差的国情下，研究农户还款意愿的意义更为重大，因此，在第五章讨论农业保险保障还款能力的基础上，本章详细讨论反映农户还款意愿的抵押品替代信号。还款意愿是指借款人有主动偿还债务的责任感和意愿，是借款人对偿还银行贷款的主观态度。如果农户没有较强的还款意愿，即使农户有较高的还款能力也可能会选择违约，银行依然存在信贷风险，信贷合约就不能达成。以往研究表明，信誉是对个人品格和信用的有效反映，在农户信贷中引入信誉作为抵押品替代信号反映农户的还款意愿将具有重要的学术价值。本章基于信号传递理论，以农户信誉作为显示农户还款意愿的抵押品替代信号，使农户与金融机构之间的博弈形成分离均衡或准分离均衡，把不同还款意愿的农户类型分离开来，并在问卷调查中，以农户获得信誉称号和表彰情况以及农户信誉他人评价情况两维度变量对农户信誉进行测量，实证检验信誉对农户信贷可得性和信贷额度的影响程度，为有针对性地提出缓解农村金融抑制问题的对策和建议提供理论支撑和实证支持。

二、信誉信号传递博弈分析与实证假设的提出

（一）博弈模型基本假设

（1）假定农村金融市场上只存在两个交易主体，即农户和银行，均为理性人，双方以追求利益最大化为目标。

（2）假设农户有两个基本类型，即高还款意愿农户 $t=h$ 和低还款意愿农户 $t=l$。高还款意愿农户会选择按时还款，而低还款意愿农户会选择违约不还款，农户知道自己的真实类型，而银行作为信息劣势方，不能准确地区分农户的类型，但知道 $t=h$ 和 $t=l$ 的先验概率（为证明方便）均为 1/2。

（3）农户会利用自身信誉作为信号来反映自己的还款意愿，即信誉好的农户通常还款意愿较强。这里假定农户的信誉本身并不影响农户的实际经营能力（后面实证检验结果给予了验证）。由此，农户有两种行动，一是不断积累信誉争取获得高信誉，二是不去主动积累信誉从而只能获得低信誉，这样，信誉就有两种情况：一种是 $m=g$，农户信誉良好，记为高信誉；另一种是 $m=b$，农户信誉差，记为低信誉。

（4）假设农户建立信誉需要的成本为 C，而且不同还款意愿农户发出相同信号的成本是不同的。由此，设农户 h 选择高信誉的成本为 C_1，而低信誉的成本记为 C_2，要求 $C_1>C_2$；农户 l 选择高信誉的成本则记为 K_1C_1，而低信誉的成本记为 K_2C_2，其中 K_1，$K_2>1$，且有 $K_1C_1>K_2C_2$。

（5）当农户向银行申请借贷时，银行有两种选择，即放款和不放款：$a=f$，放贷；$a=n$，不放贷。

（6）农户的净收益包含两部分，一部分是初始禀赋的收益，另一部分来自借贷产出，分别记为 U_1 和 U_2；若记银行的放款额为 D，则农户在借贷合约到期日应还本付息 $DR=D(1+r)$，作为借贷动力，应有 $U_2>DR$；如果农户选择违约，会受到相应的社会惩罚 $T(D)$，假设选择高信誉的违约农户社会惩罚是 T_1，选择低信誉的违约农户社会惩罚是 T_2。农户一旦违约，银行从社会惩罚中所分得补偿系数记为 λ，$1>\lambda>0$。应该有 $\lambda T<D$。分别记录农户和银行的净收益为 U（m，a，t）和 π（m，a，t）。

(7) 对于高还款意愿农户，他可以选择高信誉，也可以选择低信誉。当高还款意愿农户选择高信誉时，银行如果选择贷款，此时农户获得由贷款进行项目投资而带来的收益 U_2，加上由于农户的自有禀赋进行投资所获得的投资收益 U_1，并支付贷款本息和相关信誉成本，农户的支付函数为（$U_1+U_2-DR-C_1$），银行因为发放贷款而获得贷款利息收入为 Dr；银行如果选择不发放贷款，意味着农户不能获得贷款以及和其相关的投资收益，其支付函数为 λT_1-D（U_1-C_1），同时，银行也失去了获得利息收入的机会，收益为 0。当高还款意愿农户选择低信誉时，银行如果发放贷款，农户可以获得贷款所带来的收益，并支付贷款本息和相关信誉成本，其支付函数为（$U_1+U_2-DR-C_2$），银行获得贷款利息 Dr；银行如果不发放贷款，农户无法得到贷款，此时农户的支付函数为 U_1-C_2，银行错失放贷机会，收益为 0。

(8) 对于低还款意愿农户，他同样可以选择高信誉也可以选择低信誉。当低还款意愿农户选择高信誉时，银行如果选择贷款，此时农户获得由贷款进行项目投资而带来的收益 U_2，加上由于农户的自有禀赋进行投资所获得的投资收益 U_1，由于低还款意愿农户会选择违约不还款，因此，农户应承担因违约带来的社会惩罚 T_1（D），由此，农户的支付函数为［$U_1+U_2-K_1C_1-T_1$（D）］，银行因为农户违约不能收回贷款，其支付函数为 λT_1-D；银行如果选择不发放贷款，意味着农户不能获得贷款以及和其相关的投资收益，其支付函数为（$U_1-K_1C_1$），银行收益为 0。当低还款意愿农户选择低信誉时，银行如果发放贷款，农户可以获得贷款所带来的收益，由于低还款意愿农户会选择违约不还款，其支付函数为［$U_1+U_2-K_2C_2-T_2$（D）］，银行支付函数为 λT_2-D；银行如果不发放贷款，农户无法得到贷款，此时农户的效用函数为 $U_1-K_2C_2$，银行收益为 0。

（二）信号传递博弈模型构建

基于以上博弈模型基本假设，本书建立了如图 6-1 所示的信号传递博弈模型。

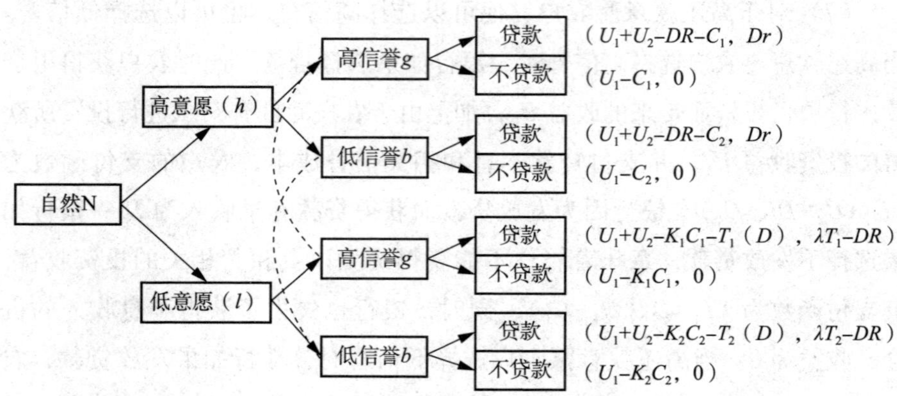

图 6-1　农户信誉信号传递动态博弈模型

（1）“自然”首先选择农户的类型 $t\in\Theta$，这里 $t\in\{h, l\}$ 是农户的类型空间。h 和 l 分别表示高还款意愿农户和低还款意愿农户。农户知道 t，但银行不知道，只知道农户属于 t 的先验概率 $p(t)$，假定 $p(h)=p(l)=1/2$。

（2）农户在意识到自己的类型 t 后向银行发出信号 m，这里 $m=\{g, b\}$ 是信号空间。信号 g 代表农户高信誉，b 代表农户低信誉。

（3）银行有两种行动，即放贷和不放贷。行动空间为 $a\in\{f, n\}$，f 为放贷，n 为不放贷。银行在观测到信号 m 后，使用贝叶斯法则对先验概率 $p(t)$ 进行修正，得出后验概率 $\tilde{p}(t/m)$，并据此判断农户还款意愿的高低。

（4）高还款意愿农户和低还款意愿农户的支付函数分别为 $U(m, a, h)$ 和 $U(m, a, l)$。农户知道银行对其发出信号的反应，因此农户会选择发出信号 m 的最优值 m^*，以满足农户的效用函数最大。

（三）信誉信号传递博弈均衡分析

1. 分离均衡情形

分离均衡是指不同类型的信号发送者（农户）以 1 的概率选择不同的信号，或者是没有任何类型选择与其他类型发出相同的信号（张维迎，1996）。在分离均衡下，信号能准确揭示其类型。农户向银行传递出真实的类型信息，银行能根据农户发出的信号判断其真实的类型，进而做出是否发放贷款的决定。这对银行来说是最为理想的状态。

可以证明，当$\frac{K_2C_2}{K_1}+\frac{U_2-T_1}{K_1}<C_1<C_2+(U_2-DR)$时，信号准确揭示类型，高还款意愿农户选择高信誉，低还款意愿农户选择低信誉；当银行看到信誉信号后，针对高信誉的农户进行放贷，而对低信誉的农户则拒绝其借贷申请。

该分离均衡状态如下式所示：

$$(S.E)\text{分离均衡:}\begin{cases} m^*(t=h)=g,\ m^*(t=l)=b \\ a^*(m=g)=f,\ a^*(m=b)=n \\ \tilde{p}(t=h|m=g)=1,\ \tilde{p}(t=l|m=g)=0 \\ \tilde{p}(t=h|m=b)=0,\ \tilde{p}(t=l|m=b)=1 \end{cases} \tag{6-1}$$

下面证明这确是一个精练贝叶斯均衡：

(1) 首先根据定义有公式$a^*(m)\in arg\max\limits_a \sum\limits_t \tilde{p}(t|m)\pi(m,a,t)$。

其中，对于$m=g$，若银行选择$a=f$，则收益为：

$\tilde{p}(h|g)\ \pi(g,f,h)+\tilde{p}(l|g)\ \pi(g,f,l)=1\times Dr+0\times(\lambda T_1-DR)=Dr$，若选择$a=n$，则得$\tilde{p}(h|g)\ \pi(g,n,h)+\tilde{p}(l|g)\pi(g,n,l)=1\times0+0\times0=0$，故银行的最优策略是$a^*(m=g)=f$；对于$m=b$，若银行选择$a=f$则得到$\lambda T_2-D<0$，若选择$a=n$则得到0，故银行的最优策略是$a^*(m=b)=n$。

(2) 因为要满足分离均衡的条件，则必有

$$\begin{cases} U(g,a^*,h)>U(b,a^*,h) \\ U(b,a^*,l)>U(g,a^*,l) \end{cases}$$

即

$$\begin{cases} U(g,f,h)>U(b,n,h) \\ U(b,n,l)>U(g,f,l) \end{cases}$$

$$\begin{cases} U_1+U_2-DR-C_1>U_1-C_2 \\ U_1-K_2C_2>U_1+U_2-K_1C_1-T_1D) \end{cases}$$

条件刚好满足$\frac{K_2C_2}{K_1}+\frac{U_2-T_1}{K_1}<C_1<C_2+(U_2-DR)$

(3) 给定农户的选择，银行的后验概率是根据贝叶斯法则得到的：

$$\tilde{p}(t=h|m=g)=\frac{p(m=g|t=h)p(t=h)}{p(m=g|t=h)p(t=h)+p(m=g|t=l)p(t=l)}=\frac{1\times\frac{1}{2}}{1\times\frac{1}{2}+0\times\frac{1}{2}}=1$$

$$\tilde{p}(t=h|m=b)=\frac{p(m=b|t=h)p(t=h)}{p(m=b|t=h)p(t=h)+p(m=b|t=l)p(t=l)}=\frac{0\times\frac{1}{2}}{0\times\frac{1}{2}+1\times\frac{1}{2}}=0$$

同理可得 $\tilde{p}(t=l|m=g)=0$ 和 $\tilde{p}(t=l|m=b)=1$。也可证明不存在其他形式分离均衡。

在该分离均衡情形下，信号准确揭示类型，高还款意愿农户会选择高信誉，而低还款意愿农户选择低信誉。此时，银行看到高信誉农户后，会认定其为高还款意愿农户，愿为其发放贷款。而低信誉农户则被认定为低还款意愿农户，银行会拒绝其借贷申请。由此可见，在分离均衡中，农户信誉有效地反映出农户还款意愿的高低。

由此得出研究

假设 5：

在一定条件下，农户选择建立高信誉，更容易获得银行贷款。

进一步提出子研究

假设 5-1：

在一定条件下，农户选择建立高信誉，得到的银行贷款更多。

从以上不等式可以看出，农户信誉信号在博弈中存在分离均衡必须具备一定的条件，并且与行动成本、违约惩罚和农户获得贷款收益相关。

主要启示如下：

（1）高还款意愿农户建立高信誉的成本应该在一定区间范围内。建立高信誉的成本不能太高，否则高还款意愿农户就会丧失获取信誉称号的动力；同时，建立高信誉的成本也不能太低，否则低还款意愿农户就会跟随模仿，通过各种途径把自己伪装成高还款意愿农户。

（2）对传递高信誉信号违约农户的社会惩罚 T_1 应足够大，这样才能产生一定的威慑力，减少低还款意愿农户伪装成高还款意愿农户的行为。

（3）农户得到贷款后，一定要有正的净收益，即 $U_2-DR>0$，进而保证 $C_1<C_2+(U_2-DR)$ 成立，这样高还款意愿农户才有动力去主动积累信誉，增加贷款可得性。同时，我们从条件的右边可以看出，U_2 也不能太大，不然容易诱使低还款意愿农户粉饰自己来获取信誉称号，产生寻租行为，进而破坏分离均衡。

2. 混同均衡情形

混同均衡是指不同类型的信号发送者（农户）选择相同的信号，或者说，没有任何类型选择与其他类型不同的信号（张维迎，1996）。混同均衡情形下，所有类型农户发送的信号相同，信誉起不到对农户还款意愿高低的信号传递作用。混同均衡有两种可能的情形：一是所有农户都选择高信誉；二是所有农户都选择低信誉。第一种情形通过计算所获得混同均衡的条件与前提假设不符，故第一种情形下混同均衡不成立，下面对第二种情形下混同均衡进行分析。

可以证明，当 $\lambda T_2\leqslant(1-r)D$ 时，存在第二种混同均衡，该情况下银行认为信誉高低不能传递信息，两类农户均选择低成本的低信誉。

该混同均衡状态如下式所示：

$$(P.E)\text{混同均衡}:\begin{cases} m^*(t=h)=m^*(t=l)=b \\ a^*(m=b)=n \\ \tilde{p}(t=h|m=b)=p(t=h)=0.5 \\ \tilde{p}(t=l|m=b)=p(t=l)=0.5 \end{cases} \tag{6-2}$$

下面证明该混同均衡确是一个精练贝叶斯均衡：

（1）首先根据定义获得式 $a^*(m)\in arg\max_a\sum_t\tilde{p}(t|m)\pi(m,a,t)$。其中对于 $m=b$，若银行选择 $a=f$，则得到：

$$\tilde{p}(h|b)\pi(b,f,h)+\tilde{p}(l|b)\pi(b,f,l)=0.5\times Dr+0.5\times(\lambda T_2-D)=[\lambda T_2-D(1-r)]/2$$

因 $r\leqslant1-\lambda T_2/D$，则 $\pi\leqslant0$，若选择 $a=n$，则得到0，故银行的最优选择是 $a^*(m=b)=n$。

（2）因为要满足混同均衡的条件，则必有

$$\begin{cases}U(b,a^*,h)\geqslant U(g,a^*,h)\\U(b,a^*,l)\geqslant U(g,a^*,l)\end{cases}$$

$$\begin{cases}\lambda T_1\leqslant D,\lambda T_2\leqslant D\\U(b,n,h)\geqslant U(g,n,h)\\U(b,n,l)\geqslant U(g,n,l)\end{cases}$$

$$\Rightarrow\begin{cases}\lambda T_1\leqslant D,\lambda T_2\leqslant D\\U_1-C_2\geqslant U_1-C_1\\U_1-K_2C_2\geqslant U_1-K_1C_1\end{cases}$$

（3）给定农户的选择，银行的后验概率是根据贝叶斯法则得到的：

$$\tilde{p}(t=h\mid m=b)=\frac{p(m=b\mid t=h)p(t=h)}{p(m=b\mid t=h)p(t=h)+p(m=b\mid t=l)p(t=l)}=\frac{1\times\frac{1}{2}}{1\times\frac{1}{2}+1\times\frac{1}{2}}=0.5$$

$$\tilde{p}(t=l\mid m=b)=\frac{p(m=b\mid t=l)p(t=l)}{p(m=b\mid t=l)p(t=l)+p(m=b\mid t=h)p(t=h)}=\frac{1\times\frac{1}{2}}{1\times\frac{1}{2}+1\times\frac{1}{2}}=0.5$$

通过以上的不等式计算可知，混同均衡跟低信誉农户违约不还款的社会惩罚相关，社会惩罚如果不够重，农户没有动机建立信誉，银行也不能获得农户类型的有效信息。实际上，混同均衡是一种比较极端的均衡模式，混同均衡无法传递有关农户还款意愿的有效信息，因此银行无法根据农户传递的信号修正先验概率，只能根据最初对农户的判断来决定是否贷款。

3. 准分离均衡情形

准分离均衡是指一些类型的发送者（农户）随机地选择信号，另一些类型的发送者选择特定的信号（张维迎，1996）。本书中的准分离均衡可能存在四种情形，但经过计算、分析和现实比对后发现只可能存在一种情形，即高还款意愿农户选择高信誉，而低还款意愿农户随机的选择高信誉或者低信誉。

可以证明，当满足条件 $1>\gamma>\gamma^*$，$C_1<C_2+(U_2-DR)$ 且 $T_1=U_2-(K_1C_1-K_2C_2)$ 时，存在上述情形准分离均衡（其中是银行观察到农户选择高信誉后，判断其为高还款意愿农户的后验概率，在计算中有详细说明）。

该准分离均衡如下式所示：

$$(SSE)\text{准分离均衡}:\begin{cases}m^*(t=h)=g,m^*(t=l)=g\text{ 或 }b\\a^*(m=g)=f,a^*(m=b)=n\\\tilde{p}(t=h|m=b)=0,\tilde{p}(t=l|m=b)=1\\\tilde{p}(t=h|m=g)>0.5,\tilde{p}(t=l|m=g)<0.5\end{cases}\tag{6-3}$$

下面证明该准分离均衡是一个精练贝叶斯均衡：

（1）给定农户的选择，银行的后验概率根据贝叶斯法则得到：

$$\tilde{p}(t=h|m=b)=\frac{p(m=b|t=h)p(t=h)}{p(m=b|t=h)p(t=h)+p(m=b|t=l)p(t=l)}$$

则

$$\tilde{p}(t=h|m=b)=\frac{0\times0.5}{p(m=b|t=h)p(t=h)+p(m=b|t=l)p(t=l)}=0$$

$\tilde{p}(t=l|m=b)=1-\tilde{p}(t=h|m=b)=1$。记 $p(m=g|t=l)=\alpha\in(0,1)$，而

$$\tilde{p}(t=h|m=g)=\frac{p(m=g|t=h)p(t=h)}{p(m=g|t=h)p(t=h)+p(m=g|t=l)p(t=l)}$$

$$=\frac{1\times\frac{1}{2}}{1\times\frac{1}{2}+\alpha\times\frac{1}{2}}=\frac{1}{\alpha+1}>0.5;\tilde{p}(t=l|m=g)=1-\frac{1}{\alpha+1}<0.5\text{。}$$

（2）若记 $\tilde{p}(t=h|m=g)=\gamma>0.5$，则 $a^*(m)\in arg\max\limits_{a}\sum\limits_{t}\tilde{p}(t|m)\pi(m,a,t)$。其中对于 $m=g$，若银行选择了 $a=n$，则得到 0；若银行选择了 $a=f$，则得到 $\pi=\tilde{p}(h|g)\pi(g,f,h)+\tilde{p}(l|g)\pi(g,f,l)=\gamma\times Dr+(1-\gamma)\times(\lambda T_1-D)$；可以发现：$\frac{\partial\pi}{\partial\gamma}=DR-\lambda T_1>0$，其中 $\pi(\gamma=1)=Dr>0$，$\pi(\gamma=0)=\lambda T_1-D<0$。存在零点，记为 $\gamma^*=\frac{(D-\lambda T_1)}{(DR-\lambda T_1)}<1$。可知当 $0<\gamma\leqslant\gamma^*$ 时，$\pi(\gamma)\leqslant0$，$a^*(m=$

$g)=n$；当 $1>\gamma>\gamma^*$ 时，$\pi(\gamma)>0, a^*(m=g)=f$。

对于 $m=b$，若银行选择 $a=n$，则得到 0；若银行若选择 $a=f$，则得到 $\pi=\tilde{p}(h|b)\pi(b,f,h)+\tilde{p}(l|b)\pi(b,f,l)=\lambda T_2-D<0$，故 $a^*(m=b)=n$。

（3）因为要满足准分离均衡的条件，则必有

$$\begin{cases}U(b,a^*,h)<U(g,a^*,h)\\U(b,a^*,l)=U(g,a^*,l)\end{cases}。$$

即当 $0<\gamma\leqslant\gamma^*$，公式简化为$\begin{cases}U(b,n,h)<U(g,n,h)\\U(b,n,l)=U(g,n,l)\end{cases}$

$\begin{cases}U_1-C_2<U_1-C_1\\U_1-K_2C_2=U_1-K_1C_1\end{cases}$；公式显然错误，一定不存在该准分离均衡。

而当 $1>\gamma>\gamma^*$ 时，公式简化为$\begin{cases}U(b,n,h)<U(g,f,h)\\U(b,n,l)=U(g,f,l)\end{cases}$

即$\begin{cases}U_1-C_2<U_1+U_2-DR-C_1\\U_1-K_2C_2=U_1+U_2-K_1C_1-T_1\end{cases}$，

综合可以得到只有一种情形，即当 $1>\gamma>\gamma^*$，$C_1<C_2+(U_2-DR)$ 且 $T_1=U_2-(K_1C_1-K_2C_2)$ 时，刚好准分离均衡条件满足。

在该准分离均衡情形下，当社会对于传递高信誉违约农户不还款的惩罚达到 $T_1=U_2-(K_1C_1-K_2C_2)$，并且银行对于高信誉农户辨别为高还款意愿农户的概率足够大时，存在该情况的准分离均衡。

通过以上分析可知，准分离均衡存在的条件为社会惩罚力度要足够大，这和分离均衡和混同均衡中研究结论是一致的，并且也再次印证了第四章中相关研究结论，除此之外，还要尽可能提升银行对贷款农户类型的辨别能力。社会上有关违约不还款惩罚的方式比较多，尤其在互联网和大数据时代背景下，跨行联合惩戒开始实施，如对违约贷款人在出行、住宿、通信、车辆登记、婚姻登记等方面给予限制。但惩戒手段主要还是金融机构同业制裁，即个人信用惩戒，如果贷款人违约不还款，则会被拉入金融机构征信“黑名单”，金融机构不会再为其办理一切授信和贷款业务。而这些都可以通过对贷款人的信用评级来实现。对农户进行信用评级后，

一旦农户发生违约行为，银行就能够及时采取降低甚至取消个人信用评级的惩戒行动，不再为其贷款，从而降低银行未来信贷可能面临的风险。此外，金融机构通过信用评级增加了对农户信誉的认知度，进而提升了银行对农户还款意愿的辨别能力，综上所述，本书提出以下假设：

假设 6：农户获得信用评级后，更容易获得银行贷款。

假设 6-1：农户获得信用评级后，获得的银行贷款更多。

三、实证检验结果分析

（一）数据来源、模型设计与变量度量

1. 数据来源

本书所采用的数据来自对河南省农户实地调查的数据。关于本次调查的详细信息在第四章有详细介绍，这里不再赘述。

同时，本书为了控制其他因素的影响，还选择了以下控制变量：2015 年末家庭常住人口数、家庭中 16 岁以上劳动力人数、在校学生数、外出务工人员数、劳动力受教育程度、党员情况、村干部情况、家庭总收入、农业总收入、家庭实际耕地（林地）面积等变量。模型中各变量的定义、取值说明及描述性统计分析详见表 6-1。

表 6-1　变量定义及描述性统计分析

变量	含义	取值说明	均值	标准差
number	家庭常住人口数	2015 年末家庭常住人口数	4.49	1.30
labor	劳动力人数	16 岁以上劳动力人数	2.82	1.11
outwork	外出务工人口数	2015 年外出务工劳动力人数	1.14	1.13
student	在校学生数	在校学生人数	1.23	0.91
education	劳动力最高受教育程度	1 表示小学及以下，2 表示初中，3 表示高中及中专，4 表示大专及大专以上	2.67	0.91
mccp	党员情况	家庭是否有党员，1 表示有，0 表示无	0.20	0.42
cadre	村干部情况	家庭是否有村干部，1 表示有，0 表示无	0.08	0.27
income	家庭总收入	近三年来全年家庭各类年均收入总数（单位：万元）	7.14	6.12

续表

变量	含义	取值说明	均值	标准差
agri income	农业总收入	近三年来全年家庭年均农业收入总数（单位：万元）	2. 24	2. 07
land	耕地（林地）面积	2015 年末家庭实际耕地面积（单位：亩）	5. 60	5. 34
get	信贷可得性	近三年来是否得到过正规金融机构贷款，1 表示有，0 表示无	0. 31	0. 46
cre	借款金额	近三年来正规金融借款金额（单位：万元）	2. 70	5. 13
hon	信誉	是否获得高信誉，1 表示有，0 表示无	0. 15	0. 36
rep	信用评级	是否获得信用评级，1 表示有，0 表示无	0. 10	0. 29

2. 模型设计

本章采用独立样本 T 检验方法进行单变量统计分析，此外，为了进一步分析不同类型农户信贷可得性的影响因素以及影响强度的大小，本章采用 Logit 回归分析农户信誉高低以及农户其他特征变量对信贷可得性的影响，采用 Tobit 回归分析农户信誉高低以及农户其他特征变量对信贷额度的影响。

Logit 模型和 Tobit 模型的基本表达式如下：

$$\text{Logit}\,(p \mid get_i=1)=ln\left(\left(\frac{p_{get_i=1}}{1-p_{get_i=1}}\right)\right)=\alpha_0+\alpha_1 hon_i+\alpha_2 rep_i+\alpha_3 X_i+\varepsilon_i \quad (6-4)$$

$$\text{cre}_i{}^{*}=\beta_0+\beta_1 hon_i+\beta_2 rep_i+\beta_3 X+\mu_i,\ \mu_i\sim N\,(0,\ \sigma^2)$$

$$\text{cre}_i=\begin{cases} cre_i{}^{*}, & if cre_i{}^{*}>0 \\ 0, & if cre_i{}^{*}\leqslant 0 \end{cases} \quad (6-5)$$

其中，$i=1, 2, \cdots, n$，表示第 i 个农户。*get* 是虚拟因变量，表示“近三年来是否从信用社、邮政储蓄等正规金融机构得到过贷款”；*cre* 为定距因变量，表示“近三年来从信用社、邮政储蓄等正规金融机构获得的贷款金额”；*hon* 和 *rep* 是虚拟自变量，分别表示“农户是否获得高荣誉”和“农户是否获得信用评级”；X 表示农户及其家庭的禀赋特征变量；p 为二值因变量发生时的概率；α 和 β 为偏回归系数；ε 和 μ 表示随机误差项。

3. 变量度量

本书对信誉概念的理解更多的是基于对农户个人品行和诚信状况等特征的评价，和金融机构征信系统对农户的信用评价完全不同。本书所界定的农户信誉更多的是从农户个人特征角度出发，基于对农户个人品行和诚信状况等特征的评价，和金融机构征信系统对农户信贷行为的信用评价不完全相同。有相关研究以农户获得的各类信誉称号（如十星农户、五好家庭、道德模范家庭等称号）作为农户信誉的替代变量，以获得的各类信誉称号作为替代变量能够有效反映农户的信誉状况，因为在农村基层管理中，管理人员会定期选拔和睦的、尊老爱幼的或者具有诚实守信美德的优秀家庭给予各类荣誉称号或者给予表彰，这类家庭往往在农户中具有一定的影响力和号召力，具有模范带头作用和拥有较高的信誉度，所以选择农户是否获得各类信誉称号及政府表彰能够有效测量农户信誉水平的高低。但如果仅仅以获得各类信誉称号来替代信誉相对来讲较为片面，而且我们在问卷调查中发现获此类殊荣的农户数量较少，并不能有效地将有信誉的农户筛选出来，而在实践中，我们发现农户道德品质怎样，是否讲信誉能够直接反映农户信誉水平的高低。因为在农村地区，由于世代居住的圈层关系特征，农户信誉水平的高低其左邻右舍或者所在的村委会则更为熟悉和了解，所以在问卷调查过程中，选择对农户比较熟悉或者村委会的干部对其进行匿名评价，更能测度出农户信誉水平的高低。鉴于此，本书采用两维度变量对信誉进行测量，即农户获得的各类信誉称号及政府表彰和农户信誉他人评价，即在调查农户是否获得各类信誉称号之外，选择对农户比较熟悉或者村委会的干部对其进行匿名评价，能够较好地测评出农户信誉水平的高低。

（二）实证结果分析

本章首先采用单因素独立样本 T 检验来分析单个变量的差异显著性，在此基础上，为了进一步检验农户信誉变量及其特征变量对农户信贷可得性和信贷额度的影响以及影响强度的大小，采用 Logit 回归模型和 Tobit 回归模型进行数据检验。在验证假设前，首先对农户是否获得高信誉（即是否获得信誉称号和政府表彰以及农户信誉他人好评）和农户收入①的相关关系进行了交叉表卡方检验，检验结果不显著，表明农户是否获得高荣誉与农户收入线性无关，检验结果接受零假设，说明信誉和收入之间没有关系，支持了上述农户的信誉本身并不影响农户的实际经营能力这一模型前提假设。检验结果如表6-2（a）和表6-2（b）所示。

表6-2（a） 农户是否高信誉与总收入之间卡方检验结果

	值	自由度	渐近显著性（双向）
皮尔逊卡方	3.589	2	0.166
似然比（L）	3.565	2	0.168
线性关联	3.499	1	0.061
有效个案数	1942		

注：0个单元格（0.0%）具有的预期计数少于5。最小预期计数为96.37。

表6-2（b） 农户是否高信誉与农业收入之间卡方检验结果

	值	自由度	渐近显著性（双向）
皮尔逊卡方	2.879	2	0.237
似然比（L）	2.868	2	0.238
线性关联	2.671	1	0.102
有效个案数	1942		

注：0个单元格（0.0%）具有的预期计数少于5。最小预期计数为208.29。

1. 单变量检验结果分析

（1）两类农户信贷可得性和信贷额度的检验结果分析

表6-3为按照农户信誉高低进行分组的独立样本T检验结果。通过对两组农户信贷可得性的比较分析发现，高信誉农户的信贷可得性为0.468，低信誉农户的信贷可得性为0.22，高信誉农户比低信誉农户获得贷款的概率高出0.248，并且在1%水平下显著。说明高信誉确能增加农户获得贷款的可能性。对农户所得贷款额度进行比较后发现，高信誉农户子样本平均可获得3.206万元贷款，而低信誉农户子样本平均可获得2.381万元贷款，

① 本书中农户实际经营能力用农户收入来反映，分别用农户总收入和农户农业收入做相应检验。

两者之间相差 0. 825 万元，并且在 1%水平上显著不同。

(2) 两类农户基本特征的检验结果分析

对两类农户的其他基本特征进行检验分析发现，高信誉家庭人口数显著高于低信誉家庭人口数，并在 10%水平上通过假设检验。这可能是因为家庭规模较大的农户要处理的家庭关系较为复杂，更为注重诚实守信的家风树立和遵守家规，所以具有较高的信誉度。村干部身份对信誉高低也有显著影响，高信誉家庭拥有村干部身份人数显著高于低信誉家庭农户，并且在 1%水平上通过假设检验。村干部一般都经过群众选举产生，受到群众认可，具有一定的身份和地位，信誉度较高。高信誉家庭拥有党员身份人数也显著高于低信誉家庭，并且在 1%水平上通过假设检验。党员具有一定的政治素养和道德品质，在思想上具有一定的先进性，因此，也同样具有较高的个人诚信度。高信誉农户家庭受教育程度显著高于低信誉农户家庭，并且在 1%水平上通过假设检验。接受教育能够有效地提升个人素质，随着受教育水平的提升，也有利于培养诚实守信的家庭美德。此外，高信誉农户家庭耕地面积也显著高于低信誉农户家庭，并且在 1%水平上通过假设检验。其他特征变量两类农户差异不显著，在此不再列示说明。

表 6-3 按农户信誉高低分组的子样本描述性统计及 T 检验

变量名	高信誉农户子样本		低信誉农户子样本		Differences	
	Mean	S. D	Mean	S. D	Mean	S. D
	(1)	(2)	(3)	(4)	(5) (1) - (3)	(6)
get	0. 468	0. 500	0. 22	0. 412	0. 248***	0. 035
cre	3. 206	6. 451	2. 381	4. 164	0. 825***	0. 273
number	4. 588	1. 329	4. 44	1. 283	0. 148*	0. 062
cadre	0. 115	0. 478	0. 070	0. 297	0. 045***	0. 020
mccp	0. 256	0. 434	0. 180	0. 411	0. 076***	0. 020
education	2. 785	0. 936	2. 600	0. 892	0. 185***	0. 043
land	6. 232	6. 613	5. 248	4. 432	0. 984***	0. 281

注：***、**和*分别表示在 1%、5%和 10%统计水平上显著。

独立样本 T 检验作为单变量统计分析，是假定不受其他因素影响的情况下，单一变量的变化是否显著，其他变量的交互影响不予考虑，而现实情形则是多个变量之间存在交互影响，因此，为了进一步分析不同类型农户信贷可得性和信贷额度的影响因素以及影响强度的大小，本章采用 Logit 回归模型和 Tobit 回归模型进行数据检验。

2. 回归结果分析

在进行回归分析前，本书首先进行了各解释变量之间的 Pearson 和 Spearman 相关系数检验，以验证各解释变量之间是否存在共线性问题。检验结果和第五章一致，即在剔除家庭常住人口和在校学生数变量后，各解释变量之间的相关系数大多在 0. 50 以下，且 VIF 指标都小于 5，基本上不存在共线性问题，所以所选变量适合做回归分析，具体分析结果不再列示。

（1）Logit 回归结果分析

本章采用 Logit 回归模型分析农户信誉高低以及农户其他特征变量对信贷可得性的影响。表 6-4 中，第（1）列是以农户是否得到贷款为因变量，用 Logit 回归模型检验农户是否获得高信誉、信用评级以及农户基本特征变量对农户信贷可得性的影响。从表 6-4 中可以看到，是否获得高信誉显著影响农户信贷可得性，影响系数是 1. 227，对应的 Exp(B）值是 3. 411，即获得高信誉的农户更容易获得贷款。结合上述单因素独立样本 T 检验的研究结论，假设 5 通过实证检验。是否获得信用评级也显著影响农户信贷可得性，影响系数是 3. 733，对应的 Exp（B）值是 41. 801，并且在 1%水平上显著正相关，即获得信用评级农户更容易获得信贷贷款。进一步从第（2）列相对应的 Exp(B）值来看，获得信用评级农户获得贷款可能性是未获得信用评级农户的 41. 801 倍，在所有关系显著的变量中，信用评级的 Exp(B）值最高，说明获得信用评级与农户获得贷款的相关性非常高，由此，假设 6 通过实证检验。

从农户基本特征变量回归分析的结果看，劳动力人数与农户信贷可得性有显著的负相关关系，影响系数为 0. 235，对应的 Exp(B）值为 0. 791，在 5%水平上通过统计检验。对于农户来讲，家庭劳动力人数直接决定家庭经营收入规模，家庭劳动力人数越少，其家庭生产经营资金来源就相对较窄，其进行生产经营的信贷资金需求就越强烈，因此，就会尽力去申请贷款。家庭成员中有无村干部对农户信贷可得性具有显著的正相关关系，影响系数为0.784，对应的Exp(B)值为2.189，并在5%水平上通过统计检验。村干部作为基层行政管理人员，具有一定的社会地位和影响力，比一般农户具有更多的资源优势和信息优势，更容易得到金融机构的资金支持，加之具有稳定的工资收入，其还款能力得以强化。受教育程度对农户信贷可得性具有显著的正向影响，并在5%水平上通过统计检验，随着受教育水平的提升，影响系数不断增大，说明受教育程度越高，农户获得贷款的可能性越大，高学历提升了农户信贷可得性。从农户的总收入情况来看，农户总收入与农户信贷可得性是显著的正相关关系，影响系数为0.073，对应的Exp(B)值为1.076，农户总收入的高低直接反映农户的还款能力，总收入的增加能够增加农户的还款能力，从而增加农户获得贷款的可能性。以上研究结果和第五章中对农户相应特征变量的分析结论是一致的。①

表6-4　农户信誉高低、是否信用评级与农户信贷可得性、信贷额度关系的回归结果

变量	农户信贷可得性	Exp（B）	农户信贷额度	Std. Error
	（1）	（2）	（3）	（4）
劳动力人数	-0.235**	0.791	—	—
有无村干部	0.784**	2.189	1.293***	0.489
受教育程度			0.535**	0.213
最高学历（1）	0.114**	1.121	—	—
最高学历（2）	-0.401**	0.670	—	—
最高学历（3）	0.530**	1.698	—	—
最高学历（4）				
总收入	0.073***	1.076	0.305***	0.029
是否高信誉	1.227***	3.411	0.490***	0.401

① 王性玉，任乐，赵辉．社会资本对农户信贷配给影响的分类研究——基于河南省农户的数据检验［J］．经济问题探索，2016（9）：172-181.

续表

变量	农户信贷可得性	Exp（B）	农户信贷额度	Std. Error
	（1）	（2）	（3）	（4）
是否获得信用评级	3.733***	41.801	8.073***	0.622
常量	−2.144***	0.117	−2.747***	0.619
Predicted correct percentage	85.4%		—	
Nagelkerke R^2	0.573		—	
似然比率			221.225***	
样本数	1942		1942	

注：***、**和*分别表示在1%、5%和10%统计水平上显著。

（2）Tobit 回归结果分析

表6-4中，第（3）列是以农户获得信贷额度为因变量，用Tobit回归模型分析得出的农户是否获得高信誉、信用评级以及农户基本特征变量对农户信贷额度的影响。从表6-4的第（3）列可以看到，是否获得高信誉对农户信贷额度的偏回归系数为正值，并且在1%水平上通过统计检验。从结果来看，获得高信誉农户比获得低信誉农户平均多获得贷款0.490万元，结合上述单因素独立样本T检验的研究结论，假设5-1通过实证检验。此外，是否获得信用评级对农户信贷额度的偏回归系数也为正值，并且在1%水平上通过统计检验。从结果来看，获得信用评级农户比未获得信用评级农户平均多获得贷款8.073万元，由此可以看出，获得信用评级的确能增加农户信贷额度，假设6-1通过实证检验。

村干部对农户信贷额度有显著的正向影响，并且在1%水平上通过统计检验。从偏回归系数来看，村干部身份所带来的信贷额度的增加值仅次于信用评级，这说明村干部身份能够产生一定的社会资本效应，银行据此会增加对其的放款额度。受教育程度的提高也能够有效增加农户的信贷额度，并且在5%水平上通过统计检验。从偏回归系数来看，学历每提高一个档次，所获得的贷款额度平均增加0.535万元，说明学历的提升对贷款额度具有正向影响。这和第五章中的相关研究结论是一致的。总收入和农户信贷额度在1%水平上显著正相关，总收入能够有效地保障农户的还款能力，因此这会增加农户的信贷额度，并且每增加1万元总收入，农户的信贷额度平均增加 0. 305 万元。

此外，为了保证模型的可靠性和研究结论的稳定性，本章和第五章一样采用了不同的变量筛选办法，分别用了条件参数估计和最大偏似然估计来进行稳健性检验，结论稳定。最终本章以最大偏似然估计法来估计并建立了模型，稳健性检验结果不再列示。

第七章

农业保险、信誉二元信号组合实证检验

一、农业保险、信誉二元信号组合实证假设的提出

通过对农业保险信号传递效应和农户信誉信号传递博弈进行分析，本书发现，农业保险作为农户还款能力信号能够增加农户信贷可得性和信贷额度，信誉作为农户还款意愿信号也能够增加农户信贷可得性和信贷额度，但都要具备相应的条件。本书进一步分析发现，无论是农业保险信号，还是农户信誉信号，都只是从单一方面反映农户类型，由于单一信号反映的信息量有限，所以相对来讲替代能力较弱，并不能有效反映农户信贷风险类型。而农户是否能够按时还本付息，既取决于农户的还款能力，又取决于农户的还款意愿，如果把还款能力的替代信号——农业保险和还款意愿的替代信号——农户信誉进行结合，组成二元信号组合就能够更加全面地反映农户的类型，进而增强一元信号的替代能力。因此，本章在充分考虑信号揭示成本的前提下，把一元信号组合成二元信号，即把农业保险和信誉进行组合，形成既反映农户还款能力，又反映农户还款意愿的二元信号组合，从而有效揭示农户的风险类型，更好地解决农村金融抑制问题。因此，本书提出如下假设：

假设 7：高信誉参保农户，相比其他类型农户，更容易获得银行贷款。

子假设 7-1：高信誉参保农户，比只参加农业保险农户，更容易获得银行贷款。

子假设 7-2：参保高信誉农户，比只获得高信誉的农户，更容易获得

银行贷款。

假设 8：高信誉参保农户，相比其他类型农户，获得的银行贷款更多。

子假设 8-1：参保高信誉农户，所获得的银行贷款数量高于只获得高信誉农户的贷款数量。

子假设 8-2：高信誉参保农户，所获得的银行贷款数量高于只参加农业保险农户的贷款数量。

二、二元信号组合支持农户信贷计量模型的构建

本章首先采用单因素独立样本 T 检验进行不同类型农户信贷可得性和信贷额度差异的显著性检验，在此基础上，为了进一步分析农业保险和信誉二元信号组合对农户信贷可得性和信贷额度的影响以及影响强度的大小，本章采用 Logit 回归模型和 Tobit 回归模型进行实证分析，并对一元信号下所得结论进行对比分析。

Logit 回归模型和 Tobit 回归模型的基本表达式如下：

$$\text{Logit}(p \mid get_i=1)=\ln\left(\frac{p_{get_i=1}}{1-p_{get_i=1}}\right)=\alpha_0+\alpha_1 hon_i+\alpha_2 ins_i+\alpha_3 X_i+\varepsilon_i \quad (7-1)$$

$$\text{cre}_i^*=\beta_0+\beta_1 hon_i+\beta_2 ins+\beta_3 X+\mu_i, \mu_i \sim N(0,\sigma^2)$$

$$\text{cre}_i=\begin{cases} cre_i^*, ifcre_i^*>0 \\ 0, ifcre_i^* \leqslant 0 \end{cases} \quad (7-2)$$

其中，$i=1, 2, \cdots, n$，表示第 i 个农户。*get* 是虚拟因变量，表示“近三年来是否从信用社、邮政储蓄等正规金融机构得到过贷款”；*cre* 是定距因变量，表示“近三年来从信用社、邮政储蓄等正规金融机构获得的贷款金额”；*hon* 和 *ins* 是虚拟自变量，分别表示“农户是否获得高信誉”和“农户是否参加农业保险”；X 表示农户基本特征变量；p 为二值因变量发生时的概率；α 和 β 为偏回归系数；ε 和 μ 表示随机误差项。

三、实证分析与假设检验

（一）数据来源及二元信号相关性检验

本书所采用的数据来自对河南省农户实地调查的数据。关于本次调查的信息在第四章有详细介绍，这里不再赘述。

同时，本书为了控制其他因素的影响，还选择了以下控制变量：2015年末家庭常住人口数、家庭中16岁以上劳动力人数、在校学生数、外出务工人员数、劳动力受教育程度、党员情况、村干部情况、家庭总收入、农业总收入、家庭实际耕地面积等变量。模型中各变量的定义、取值说明及描述性统计分析分别在第五章和第六章进行介绍，这里不再赘述。

本章要进一步实证检验农业保险、信誉二元信号组合对农户信贷可得性和信贷额度的影响强度是否有所增强，即二元信号替代能力的增强程度。在进行实证检验之前，首先要满足的前提条件是参加农业保险和获得高信誉这两个变量之间是独立的，不存在相关关系，因此需要进行农业保险变量和信誉变量之间的相关性检验，以保证变量的独立性以及结论有意义。本书采用非参数相关性检验，检验结果见表7-1。

表7-1　农业保险变量和信誉变量之间非参数相关性检验

			信誉良好	是否参保
肯德尔 tau_ b	信誉良好	相关系数	1.000	0.020
		显著性（双尾）	—	0.387
		N	1942	1942
	是否参保	相关系数	0.020	1.000
		显著性（双尾）	0.387	—
		N	1942	1942

检验结果显示不显著，农业保险变量和信誉变量之间是不相关的，结论有意义，可以进行下一步的实证分析。

（二）单一变量检验结果分析

1. 不同类型农户信贷可得性的检验结果分析

表 7-2 中对不同类型农户信贷可得性的独立样本（单样本）T 检验结果进行比较分析后发现，参保农户的信贷可得性为 0.508，未参保农户的信贷可得性为 0.220，参保农户比未参保农户获得贷款的概率高出 0.288，并且在 1%水平下显著（在第五章有相关详细分析）。如果将信誉信号考虑在内，则高信誉参保农户的信贷可得性上升为 0.689，高信誉未参保农户的信贷可得性上升为 0.360，高信誉参保农户比高信誉未参保农户获得贷款的概率高出 0.329，并且在 10%水平下显著，并且高信誉参保农户获得贷款的概率比参保农户高出 0.181，由此可见，增加信誉信号后，参保农户获得贷款的概率增加了。此外，还可以看出，如果将信誉信号和农业保险信号同时作为农户特征信号，无论农户是否参保，只要将农户信誉信号考虑在内，其获得贷款的概率都会有所增加，但高信誉参保农户获得贷款的概率高达 0.689，达到较高的概率水平，并且差异是显著的。相比参保农户比未参保农户获得贷款的概率高 0.288，高信誉参保农户比高信誉未参保农户获得贷款的概率高出 0.329，两者之间相差 0.041。因此，高信誉参保农户，比只参加农业保险农户，更容易获得银行贷款。

同样对信誉高低不同的农户进行比较分析后发现，高信誉农户的信贷可得性为 0.468，低信誉农户的信贷可得性为 0.220，高信誉农户比低信誉农户获得贷款的概率高出 0.248，并且在 1%水平下显著（在第六章有相关详细分析）。如果将农户农业保险信号考虑在内，则参保高信誉农户的信贷可得性上升为 0.689，参保低信誉农户信贷可得性为 0.390，参保高信誉农户比参保低信誉农户获得贷款的概率高出 0.299，并且在 1%水平下显著。参保高信誉农户获得贷款的概率显著高于高信誉农户，差值为 0.221，由此可见，增加农业保险信号后，高信誉农户获得贷款的概率增加了。此外，如果将信誉信号和农业保险信号同时作为农户二元信号特征，尽管农户信誉高低有所不同，但只要将农户农业保险信号考虑在内，其获得贷款的概率都会有所增加，但参保高信誉农户获得贷款的概率高达 0.689，达到较高的概率水平，并且差异是非常显著的。高信誉农户比低信誉农户获得贷款的概率高出 0. 248，参保高信誉农户比参保低信誉农户获得贷款的概率高出 0. 299，两者之间相差 0. 051。因此，参保高信誉农户，比只获得高信誉的农户，更容易获得银行贷款。具体数据详见表 7-2。

2. 不同类型农户信贷额度的检验结果分析

表 7-2 中对不同类型农户信贷额度的独立样本（单样本）T 检验结果进行比较分析后发现，参保农户的平均信贷额度为 3. 133 万元，未参保农户的平均信贷额度为 2. 556 万元，参保农户比未参保农户平均多获得贷款 0. 577 万元，并且在 10%水平显著（在第五章有相关详细分析）。如果将信誉信号考虑在内，则高信誉参保农户的平均信贷额度上升为 3. 876 万元，高信誉未参保农户的平均信贷额度上升为 2. 982 万元，高信誉参保农户比高信誉未参保农户的平均贷款额度高出 0. 894 万元，该差额在统计学上不显著，但这可能跟样本数量太少有一定关系。由此可见，如果将信誉信号和农业保险信号同时作为农户特征信号，高信誉参保农户比参保农户平均信贷额度增加 0. 743 万元。此外，无论农户是否参保，只要将农户信誉信号考虑在内，其获得贷款额度都会有所增加。并且高信誉参保农户获得的贷款额度达 3. 876 万元。参保农户比未参保农户平均多获得贷款 0. 577 万元，高信誉参保农户比高信誉未参保农户的贷款额度平均高出 0. 894 万元，由此可见，增加信誉信号后，平均信贷额度有了更大幅度的增加。因此，高信誉参保农户相比只参加农业保险的农户获得银行贷款更多。

同样对信誉高低不同的农户进行比较分析发现，高信誉农户的平均信贷额度为 3. 206 万元，低信誉农户的平均信贷额度为 2. 381 万元，高信誉农户比低信誉农户平均多获得贷款 0. 825 万元，并且在 1%水平显著（在第六章有相关详细分析）。如果将农户农业保险信号考虑在内，则参保的高信誉农户的平均信贷额度上升为 3. 876 万元，参保低信誉农户的平均信贷额度上升为 2. 673 万元，参保高信誉农户比参保低信誉农户平均获得的贷款额度高出 1. 203 万元，并且在 1%水平显著。由此可以看出，如果将信誉信号和农业保险信号同时作为农户二元信号特征，则参保高信誉农户比高信誉农户平均信贷额度高出 0. 670 万元。此外，无论农户信誉高低，只要将农户农业保险信号考虑在内，其平均获得的贷款额度都会有所增加，参保高信誉农户平均获得的贷款额度达 3. 876 万元。高信誉农户比低信誉农户平均多获得贷款 0. 825 万元，参保高信誉农户比参保低信誉农户的平均贷款额度高出 1. 203 万元，两者之间相差 0. 378 万元，由此可见，增加农业保险信号后，信贷额度有了更大幅度的增加。因此，参保高信誉农户比高信誉农户获得银行贷款更多。具体数据详见表 7-2。

表 7-2　不同类型农户信贷可得性和信贷额度的独立样本（单样本）T 检验结果比较分析

类型		信贷可得性	平均信贷额度（万元）
参保	Mean	0. 508	3. 133
	S. D	0. 501	6. 444
未参保	Mean	0. 220	2. 556
	S. D	0. 417	4. 656
Differences	Mean	0. 288***	0. 577*
	S. D	0. 238	0. 329
高信誉参保	Mean	0. 689	3. 876
	S. D	0. 464	8. 499
高信誉未参保	Mean	0. 360	2. 982
	S. D	0. 482	5. 617
Differences	Mean	0. 329**	0. 894
	S. D	0. 060	0. 567
高信誉参保	Mean	0. 689	3. 876
	S. D	0. 464	8. 499
参保	Mean	0. 508	3. 133
	S. D	0. 501	6. 444
Differences（1）	Mean	0. 181***	0. 743**
	S. D	0. 464	8. 499
高信誉	Mean	0. 458	3. 206
	S. D	0. 500	6. 451

续表

类型		信贷可得性	平均信贷额度（万元）
低信誉	Mean	0.220	2.381
	S.D	0.412	4.164
Differences	Mean	0.248***	0.825***
	S.D	0.035	0.273
参保高信誉	Mean	0.689	3.876
	S.D	0.464	8.499
参保低信誉	Mean	0.390	2.673
	S.D	0.490	4.668
Differences	Mean	0.299***	1.203**
	S.D	0.065	0.707
参保高信誉	Mean	0.689	3.876
	S.D	0.464	8.499
高信誉	Mean	0.468	3.206
	S.D	0.500	6.451
Differences（2）	Mean	0.221***	0.670**
	S.D	0.464	8.499

注：1. ***、**和*分别表示在1%、5%和10%统计水平上显著。
2.（1）和（2）分别做的是单样本T检验。

独立样本T检验作为单因素统计分析，只能分析单一变量对因变量的影响是否显著，其他变量的交互影响不予考虑，而现实情形则是多个变量存在交互影响，因此，为了进一步分析不同类型农户信贷可得性和信贷额度的影响因素以及影响强度大小，本章同时还采用Logit回归模型和Tobit回归模型进行数据检验，在此基础上和一元信号情形下的研究结论进行对比分析，从而对假设7和假设8进行实证检验。

（三）回归结果分析

在进行回归分析前，首先进行了各解释变量之间的Pearson和Spearman相关系数检验，以验证各解释变量之间是否存在共线性问题。检验结果与第五章和第六章一致，即在剔除家庭常住人口和在校学生数变量后，各解释变量之间的相关系数大多在0.50以下，且VIF指标都小于5，基本上不存在共线性问题，所以所选变量适合做回归分析，具体分析结果不再列示。

1. Logit 回归结果比较分析

第五章和第六章分别采用 Logit 回归模型分析了农业保险信号与信誉信号对农户信贷可得性的影响和影响强度大小，本章为了进一步对农业保险信号和信誉信号二元信号组合情况下不同类型农户信贷可得性影响因素的影响强度进行比较分析，在控制变量不变的情况下，再次采用 Logit 回归模型分析检验农户是否参保、是否获得高信誉以及农户基本特征变量对农户信贷可得性的影响[①]。从表 7-3 中可以看到，是否参保和是否高信誉显著影响农户信贷可得性，影响系数分别为 1.455 和 1.285，并且分别在 5%水平和 1%水平上显著正相关。进一步从第（2）列相对应的 Exp（B）值来看，高信誉农户获得贷款的可能性是低信誉农户的 4.285 倍，参保农户获得贷款的可能性是未参保农户的 3.518 倍，两个变量在所有关系显著的变量中系数和 Exp（B）值最大，说明是最为重要的影响农户信贷可得性的影响因素。通过和第（3）列中农业保险一元信号对农户信贷可得性的影响结果进行比较，在不考虑信誉变量影响的情况下，是否参保对农户信贷可得性的影响也是显著的正向影响，影响系数是 1.402，并且在 5%水平上通过检验，从对应的第（4）列中的 Exp（B）值来看，参保农户获得贷款的可能性是未参保农户的 4.273 倍。和第（1）列中同时考虑农业保险和信誉变量的情况进行比较分析发现，在考虑信誉变量的情况下，是否参保对农户信贷可得性的影响系数变大，由 1.402 增加到 1.455，相对应的 Exp（B）值也由 4.273 增加为 4.285，说明在信誉变量交互作用情况下，农业保险对农户信贷可得性的影响强度增加，由此结合独立样本 T 检验中相关研究结论，假设 7-1 通过实证检验。

将第（1）列的结果和第（5）列中信誉对农户信贷可得性的影响结果进行比较，在不考虑农业保险变量影响的情况下，信誉高低对农户信贷可

---

① 为了保证比较分析口径的一致性，一元信誉信号 Logit 回归模型中剔除了是否信用评级变量，重新做了回归分析，以便和二元信号下分析结果进行比较。

得性的影响也是显著的正向影响，影响系数是1.135，并且在1%水平上通过检验，从对应的第（6）列中的Exp（B）值来看，高信誉农户获得贷款的可能性是低信誉农户的3.112倍。和第（1）列中同时考虑农业保险和信誉相关变量的情况进行比较分析发现，在考虑农业保险变量影响的情况下，信誉高低对农户信贷可得性的影响系数变大，由1.135增加到1.285，相对应的Exp（B）值也由3.112增加为3.518，说明在农业保险变量交互作用情况下，高信誉对农户信贷可得性的影响强度增加。由此结合独立样本T检验中相关研究结论，假设7-2通过实证检验。

农户其他特征变量回归分析的结果因不是本章研究的重点，不再一一比较分析。

表7-3　不同类型农户信贷可得性回归结果比较分析

变量	二元信号下农户信贷可得性	Exp（B）	农业保险一元信号农户信贷可得性	Exp（B）	信誉一元信号农户信贷可得性	Exp（B）
	（1）	（2）	（3）	（4）	（5）	（6）
劳动力人数	-0.270**	0.764	-0.239**	0.788	-0.235**	0.791
有无村干部	1.406***	2.847	1.116***	3.053	0.632**	1.881
有无党员	0.910**	2.485			0.450**	1.569
受教育程度						
受教育程度（1）	0.199**	1.221	0.444**	1.558	—	—
受教育程度（2）	-0.324**	0.723	0.431**	1.539	—	—
受教育程度（3）	0.699**	2.011	0.962**	2.616	—	—
受教育程度（4）						
总收入	0.064***	1.066	0.057**	1.059	0.073***	1.076
是否参保	1.455**	4.285	1.402**	4.273	—	—
是否高信誉	1.285***	3.518	—	—	1.135***	3.112
常量	-1.972***	0.139	-1.907***	0.149	-2.144***	0.117
Predicted correct percentage	74.5%		85.2%	—	85.4%	
Nagelkerke R^2	0.576		0.501	—	0.573	
样本数	1942		1942		1942	

注：***、**和*分别表示在1%、5%和10%统计水平上显著。

2. Tobit 回归结果比较分析

本书第五章和第六章采用 Tobit 模型回归分析了农业保险信号与信誉信号对农户信贷额度的影响和影响强度大小。本章为了进一步对影响不同类型农户信贷额度因素的影响强度进行比较分析，在控制变量不变的情况下，再次采用 Tobit 模型回归分析检验农户是否参保和是否获得高信誉以及农户基本特征变量对农户信贷额度的影响①。从表 7-4 中第（1）列可以看到，是否高信誉和是否参保对农户信贷额度的偏回归系数均为正值，并且均在 5%水平上通过统计检验。从结果来看，高信誉农户比低信誉农户平均多获得贷款 1.233 万元，参保农户比未参保农户平均多获得贷款 1.534 万元。将第（1）列的结果和第（5）列中信誉对农户信贷额度的影响结果进行比较，在不考虑农业保险变量影响的情况下，信誉高低对农户信贷额度的影响也是显著的正向影响，高信誉农户比低信誉农户平均多获得贷款 0.791 万元，并且在 5%水平上通过检验。和第（1）列中同时考虑农业保险和信誉相关变量的情况进行比较分析发现，在考虑农业保险变量影响的情况下，信誉高低对农户信贷额度的影响变大，由 0.791 万元增加到 1.233 万元，边际增加值为 0.442 万元，说明在农业保险变量交互作用情况下，高信誉对农户信贷额度的影响强度增加。由此结合独立样本 T 检验中相关研究结论，假设 8-1 通过实证检验。

将第（1）列的结果和第（3）列中信誉对农户信贷额度的影响结果进行比较后发现，在不考虑信誉变量影响的情况下，是否参加农业保险对农户信贷额度的影响也是显著的正向影响，参保农户比未参保农户平均多获得贷款 1.100 万元，并且在 5%水平上通过检验。和第（1）列中同时考虑农业保险和信誉相关变量的情况进行比较分析发现，在考虑信誉变量影响的情况下，是否参保农业保险对农户信贷额度的影响变大，由 1.100 万元增加到 1.534 万元，边际增加值为 0.434 万元，说明在信誉变量交互作用情况下，农户参保农业保险能够获得更高的信贷额度。由此结合独立样本

① 为了保证比较分析口径的一致性，一元信誉信号 Tobit 回归模型中剔除了是否信用评级变量，重新做了回归分析，以便和二元信号下分析结果进行比较。

T 检验中相关研究结论，假设 8-2 通过实证检验。

农户其他特征变量回归分析的结果因不是本章研究的重点，不再一一进行比较分析。

表 7-4　不同类型农户信贷额度的回归结果比较分析

变量	二元信号下农户信贷额度（万元）	Std. Error	农业保险一元信号农户信贷额度（万元）	Std. Error	信誉一元信号农户信贷额度（万元）	Std. Error
	（1）	（2）	（3）	（4）	（5）	（6）
劳动力人数	-0.270**	0.764	—	—	—	—
有无村干部	1.816***	0.518	3.415***	0.729	2.489***	0.753
有无党员	—	—	—	—	2.073***	0.486
受教育程度	0.604***	0.227	0.600***	0.226	—	—
总收入	—	—	—	—	—	—
是否参保	1.534**	0.480	1.100**	0.477	—	—
是否高信誉	1.233**	0.421	—	—	0.791**	0.416
常量	-2.774***	0.678	-2.446***	0.667	-2.747***	0.619
似然比率	229.659***		42.91***		221.225***	
样本数	1942		1942		1942	

注：***、**和*分别表示在1%、5%和10%统计水平上显著。

综合以上实证分析，假设 7 和假设 8 通过实证检验，因此，本章可以得出如下结论：农业保险和信誉二元信号组合比单一农业保险信号与信誉信号的信号显示能力更强，该信号组合更能够增加农户信贷可得性和信贷额度。

此外，为了保证模型的可靠性和研究结论的稳定性，本章与第五章和第六章一样采用了不同的变量筛选办法，分别用了条件参数估计和最大偏似然估计来进行稳健性检验，结论稳定。最终本章以最大偏似然估计法来估计并建立了模型，稳健性检验结果不再列示。

第八章

基于农户多元信号特征的数字普惠金融的实现

一、数字普惠金融概述

（一）数字普惠金融概念

数字普惠金融简单来讲就是数字技术和普惠金融的结合体。近年来，随着互联网、数字通信技术的运用，金融交易方式与服务模式也在不断地演进。数字化、智能化和移动化成为普惠金融发展的大趋势。数字普惠金融概念是在2016年召开的G20峰会上首次被提出的。根据G20普惠金融合作伙伴（GPFI）的定义，数字普惠金融泛指一切通过数字金融服务促进普惠金融的行动。具体包括运用数字技术以负责任的、成本可负担的方式为无法获得金融服务或者缺乏金融服务的群体提供一系列可持续的正规金融服务，以满足他们的融资需求。同时，G20峰会发布的《G20数字普惠金融高级原则》还对数字普惠金融具体服务类别进行了说明，具体内容包括各类金融产品和服务（如支付、转账、储蓄、信贷、保险、证券、理财、银行对账单服务等）。

（二）数字普惠金融特征

和传统的普惠金融相比，数字普惠金融主要有以下特征：

1. 广覆盖

传统金融业务主要依靠物理营业网点和分支行机构的铺设来开展业务。出于成本收益的考虑，金融机构往往坐落在人口密度大、经济繁华的地区，选择的客户也主要为资金实力雄厚的大企业、大户，而缺乏对位置偏僻、人口分散和贫困落后地区的支持与关注。数字普惠金融借助于数字通信、互联网和大数据等信息技术，能够最大限度地突破传统金融机构的物理布局和地域局限，通过线上业务创新与开展，使各项金融业务能够实现利用手机终端和线上 App 进行操作，为广大用户提供跨地域、跨空间的金融产品和服务，促使数字普惠金融向县域、村镇和偏远山区的渗透和推进，从而“打通最后一公里”，实现金融普惠效应。

2. 成本低

数字普惠金融相比传统普惠金融服务成本更低，主要表现在以下两点：第一，节省营业机构开支。传统金融机构通过铺设物理网点进行营业，无疑会带来人力、物力和场地租赁费用等成本费用的增加，尤其是在位置偏远、人口密度低的广大农村地区，增开物理网点的边际成本较大。但数字普惠金融借助手机业务端取代网点和人工成本投入，利用数字信息技术实现远程的金融服务，使新增客户成本大大降低。第二，降低获客成本。传统金融服务为了降低信贷风险会设计复杂的交易流程和安排上门信贷核查，获客成本较大。金融科技的推进有效解决了这些问题。比如，通过大数据分析技术，对农户信用特征数据、信贷交易数据、线上社交网络互动数据、消费行为数据等农户线上多元信号特征信息进行有效筛选识别，并进行在线信用等级评定，能够有效减少金融机构信息搜寻时间，降低获客成本，实现数字普惠金融的商业可持续发展。

3. 便捷有效

传统金融服务除了常规存取转款业务等可以在 ATM 机上操作外，其他个性化服务需要到业务网点柜台进行办理，降低效率。尤其在服务网点较少的偏远地区，人们往往因为金融服务距离较远，不够方便快捷而在一定程度上抑制了金融需求。而数字普惠金融极大地提升了金融服务便捷性和效率。通过 App 客户端，金融机构可提供各种个性化的信贷服务，提供信贷、投融资等金融服务，满足不同类型客户金融需求。此外，互联网信息技术也催生出全新的业务形态，如各类互联网网贷平台（微粒贷、京东金融、蚂蚁金服等）和互联网银行（网商银行、微众银行）等也增加了金融资本与普通用户参与金融活动的途径和机会，大大提高了金融服务便捷性。

二、数字普惠金融主要发展模式

近年来，随着大数据、人工智能、云计算和区块链技术的运用，数字普惠金融得到快速发展，探索出基于不同目标、应用不同场景的发展模式，主要有以下几种。

（一）网络支付业务

我国网络支付业务规模增长迅猛。根据艾媒咨询数据显示，2018 年中国移动支付交易规模达到 277.4 万亿元，较 2017 年增长 136.7%，2019 年第一季度交易规模达 83.9 万亿元。2018 年中国移动支付用户规模较 2017 年增长 17.2%，达到 6.59 亿人，2019 年移动支付用户规模将突破 7 亿人，增至 7.33 亿人。网络支付业务的发展不但实现了无现金支付的方便快捷，而且更是突破了时间和空间限制，这也为广大长尾用户获取正规金融服务提供了有效捷径，使得偏僻、偏远地区人口能够足不出户就享受转账、汇款、代缴费用等常规金融服务，更让广大长尾用户享受到基础金融服务，提升了数字普惠金融可获得感。此外，根据中国人民银行和银保监会发布的《2019 年中国普惠金融报告》显示，仅 2019 年上半年，我国农村地区发生网银支付业务 63.54 亿笔，金融达 74.27 万亿元，农村地区电子支付业务进一步得到推广。

网络支付同时还促使数字普惠金融呈现出多样化发展态势。网络支付机构不断拓展业务应用场景，比如，水电气暖缴费、交通出行、医疗教育、社会保障等触及广大用户生活的方方面面，以应用带“普惠”，满足用户金融多样化、个性化需求。此外，数字普惠金融还通过支付业务获得用户有关消费习惯、行为习惯、浏览习惯、购物习惯、信用记录等包含多元信号特征的大数据信息，并依托这些数据为用户进行精准风险画像，为顾客提供适合的金融产品和服务，提高了数字普惠金融服务的精准性和服务质量。

（二）网络借贷业务

网络借贷业务是数字普惠金融的主要发展模式。2016 年 8 月，银监会、工信部、公安部和网信办四部门联合制定的《网络借贷信息中介机构业务活动管理暂行办法》中提出，网络借贷是指个体与个体之间通过互联网平台实现的直接贷款，个体包括自然人、法人及其他组织。通过互联网平台，有理财需求的投资者和有资金需求的借贷者可以实现信息匹配，从而完成用户之间资金的借入和借出。网络借贷业务表现形式多样，主要包括个人网络借贷、电商平台贷款和网上银行贷款等形式。电商平台贷款主要是以互联网电商为主导，其基于客户海量线上信息，运用大数据分析模型对客户进行线上信用评价，进而决定是否发放信用贷款。如蚂蚁金服、京东金融等互联网金融平台所开展的网络借贷业务。网上银行贷款主要包括传统银行所开展的线上贷款业务以及以微众银行、网商银行为代表的互联网银行所提供的贷款业务等，其通过在线审核授信并发放贷款。

网络借贷借助于互联网技术能将业务开展到更为分散的长尾用户群体，是对传统金融服务的有效补充，有力助推了普惠金融工作的开展。作为数字普惠金融的主要发展模式，网络借贷主要有如下作用：首先，有力地拓展了长尾用户的融资渠道。尤其是在广大农村地区，产业化程度低、信贷风险高、金融机构缺乏对分散农户的信任等问题的存在，一直制约着农村普惠金融发展。数字技术的运用和多部门之间的合作共享，可以对广大农户多样化、有价值的多元信号特征数据进行收集、加工、挖掘和分析，在短时间内就能对农户进行审核、评价授信并在线发放贷款，有效解决长尾用户信用信息不足，“贷款难”“贷款贵”问题。其次，提升金融机构服务效率和服务质量。数字化金融服务使信息流通更加便捷，没有时间和空间限制，线上操作简单，有效解决了广大长尾用户群体“额度低”“频次多”的融资需求，提升了服务效率。此外，大数据技术的运用，可以对客户消费数据、行为数据和信贷数据等进行分析并精准画像，从而为客户提供更加符合其需求的融资产品和服务，提升服务质量。如浙江网商银行独创的“310”贷款模式，即“3 分钟在线申请、1 秒钟审核放款、

0 人工干预”已经成功复制到多家金融机构。截至 2018 年，网商银行已经联合 400 多家金融机构为超过 1700 万小微客户提供超过 3 万亿元的贷款。最后，有效降低融资成本。一方面，在线操作简化了业务流程，通过网上一站式服务流程，节省了人力和物力成本；另一方面，数字技术的应用使金融机构掌握了客户多元信号信息，有效缓解了金融机构与客户群体间信息不对称程度，降级了信贷风险，也促使网上信贷利率不断降低，使广大微众客户得到融资实惠。

（三）互联网理财

互联网理财业务也逐渐受到重视。根据中国互联网络信息中心（CNNIC）发布的《中国互联网络发展状况统计报告》显示，截至 2018 年 6 月，我国购买互联网理财产品的网民规模达到 1.69 亿人，较 2017 年末增长 30.9%，呈现高速增长态势。而国家金融与发展实验室联合腾讯金融科技智库联合发布的《互联网理财指数报告》显示，到 2018 年底，互联网理财规模达到 5.36 万亿元，并且预计到 2020 年底或将达到 15.5 万亿元。

与传统理财产品相比，互联网理财产品就“产品”本身而言，其金融本质并没有发生实质性的改变，但是信息技术和网络技术的运用极大地降低了获客成本，提升了服务效率，也改变了传统金融理财产品的销售渠道和方式，产品更加贴近广大长尾用户需求。首先，降低了服务成本。互联网理财运用大数据、云计算等信息技术，分分钟就能够对用户的各类数据信息进行分析处理，并精准地刻画用户画像，既能获得全面的信息又具有时效性，从而有效控制预测误差，保证理财业务安全、有效、稳定地开展，极大地降低了理财产品服务成本。其次，产品更加地亲民，满足长尾用户需求。比如，某些互联网理财产品的单笔购买金额不超过百元，甚至是一元起购，极大地提升了长尾用户的购买意愿，无形中也扩大了理财业务服务的人群范围。最后，互联网理财产品购买流程简单，通过手机等终端登录即可操作，方便快捷，避免了传统理财产品购买麻烦、手续烦琐等不足，提高了服务效率，也增强了广大用户尝试购买的积极性。

（四）互联网保险

根据中国保险行业协会数据显示，2014—2019 年，互联网保险业务保费收入总计 11853.4 亿元。2019 年，互联网保险保费收入 2696.3 亿元，同比增长 42.8%，远高出保险市场同期增长率近 10 个百分点，展现出强劲的发展势头。

与互联网理财相似，互联网和信息技术的运用给传统保险业务同样带来较大冲击，尤其在降低经营成本、提升服务效率方面存在较大优势。首先，互联网保险能够有效运用大数据信息，极大地简化投保、理赔等服务程序，一些常规性的保险业务在线上即可随时完成，为保险公司节省了人力和物力成本，同时也会促使保费水平降低，从而产生普惠效应。其次，保险公司能更加精准地获取潜在客户的保险需求。互联网保险将传统保险业务从线下转移到线上，使客户能够使用电脑和手机移动终端进行保险项目的办理和保险服务的申请，这些交易信息会通过大数据信息技术进行记录和分析，从而发现客户的潜在保险需求，精准地为其提供保险服务和定价，有效满足客户的保险需求。最后，互联网保险还有效拓展了保险的种类，促进保险产品的创新。由于互联网保险服务用户广泛，而这些用户往往具有分散性、需求多样性的特点，所以互联网保险公司会根据不同的场景和客户需求，设计多样的、个性化的险种，而这些险种往往投保方便、保费缴费低、理赔便捷，从而将保险服务深入到用户衣食住行等各个方面，这也成为互联网保险拓展长尾用户市场，发展普惠金融服务的重要增长点。

以上是数字普惠金融的主要发展模式，但开展最为广泛的是网络支付和网络借贷业务，互联网理财和互联网保险业务刚刚兴起，鉴于本书的研究主题和研究目的，本书以正规金融机构所开展的长尾农户网络借贷业务为主要研究内容。

三、多元信号特征促进数字普惠金融实现的作用分析

数字普惠金融的发展模式涵盖交易支付、借贷、理财和保险等多个领域。但这些模式得以有效实施的最根本前提就是尽可能多地获取长尾用户多元信号信息，并全面客观地对其进行评价，从而缓解信息不对称程度，

降低金融风险。具体来讲，多元信号组合促进数字普惠金融目标实现的作用主要表现在以下两个方面。

（一）缓解信息不对称程度，降低金融风险

聚焦到农村的普惠金融实践，数字普惠金融的发展模式最根本要解决的问题就是获取长尾农户多元信号信息。通过前文研究发现，农户一元信号特征能有效增加农户信贷可得性和信贷额度，但都是从单一角度反映农户类型，反映的信息有限，替代能力也有限，多元信号组合是一元信号和二元信号的拓展和延伸，如果能把二元信号甚至多元信号进行组合，形成既反映农户还款能力，又反映农户还款意愿的多元信号组合，则既可以实现各个一元信号的互补与对接，又可以实现对农户多维特征的真实映射，使农户的信息特征更加立体化，也更能反映农户的真实情境，更加有效地揭示农户的风险类型，从而降低银行与农户之间的信息不对称程度，也促使金融机构增加对农户的信任度，有效解决农户的信贷配给问题，更加有利于促进数字普惠金融工作的发展。

（二）精准画像助推产品和服务模式创新

互联网、大数据、人工智能等数字技术的有效运用降低了获取广大长尾农户信息的成本，也促使农户多元信号特征得以有效获取。金融机构可以通过互联网和信息技术，获取农户有关信贷交易信息数据、社交网络互动数据、消费习惯数据、浏览和购物行为数据等多元信号特征信息，并依托这些数据对农户进行精准画像，并全面客观地对其进行评价。这些信息的获取使金融机构能够客观判断农户的风险类型和信用状况，降低了金融机构服务农村金融市场的顾虑，也促使金融机构开始关注农村金融市场，不断拓展各种业务应用场景，并根据其特点进行产品和服务模式创新，为用户提供适合的金融产品和服务，大大提高了数字普惠金融服务的精准性。

四、多元信号特征下数字普惠金融网贷交易实现路径设计

商业银行作为普惠金融的主力军，要想低成本地服务好广大长尾农

户，就必须解决好长尾农户的信息约束和与此相应的制度约束问题。传统人际信任模式下，银行信贷主要依据传统人际信任模式，即农户线下特有的血缘、地缘等人际圈层社会资本来进行风险管理，却无法解决更多的“长尾农户”和“陌生人交易”问题（陈熹，2018）。大数据和互联网信息技术的运用无限拓展了交易活动的边界，因此，借助互联网信息平台，就可以对农户各类线下社会资本信息进行收集、转化和沉淀，同时也可以进一步积累更多的线上信息，传统的人际信任模式将向现代制度信任模式转变，如图 8-1 所示。

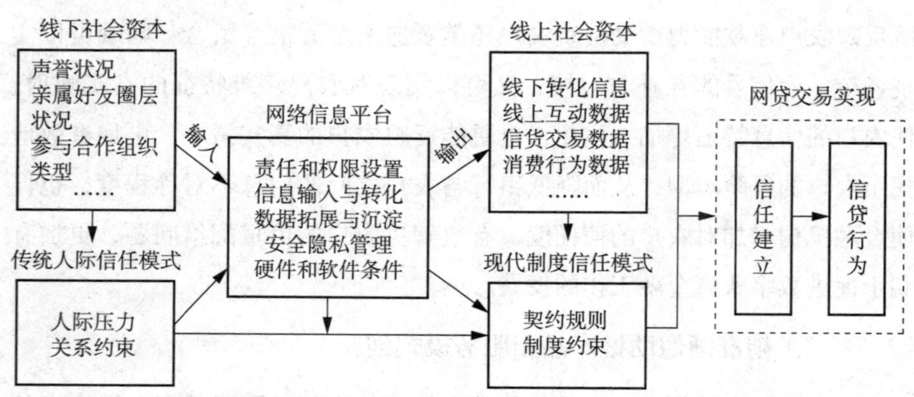

图 8-1　基于农户多元信号特征组合的数字普惠金融网贷交易实现路径设计

本部分以数字普惠金融模式中的网络借贷模式为例，设计基于农户多元信号特征组合的数字普惠金融网贷交易实现的路径。通过前文所述可知，获取农户多元信号信息成为普惠金融目标实现的最重要一环。而在广大农村地区，能够反映农户特征的信息本就匮乏，加之农村网络配套设施远不及城市，一般涉农网贷平台没有办法对该类没有线上信息的农户评价和放贷，广大长尾农户往往被隔离在外。从各网络电商平台和网贷平台所提供的信贷服务来看，其服务并没有涉及广大没有线上信息的长尾农户，这些长尾农户成为涉农网贷平台的“服务盲点”。因此，在农村数字普惠金融实践中，如何将长尾农户线下信号信息线上化，从而形成农户多元信号组合，是促成长尾农户网贷交易实现的重要保证，也是“打通最后一公里”，实现数字普惠效应，保障普惠金融商业可持续性发展的关键。

农户多元信号特征组合下数字普惠金融网贷交易实现的路径包括如下内容。

（一）网络信息服务平台的搭建与管理

网络信息服务平台是数字普惠金融目标得以实现的主要手段，也是农户多元信号特征采集、积累、提取和评价的重要信息处理媒介。因此，首先需要搭建数据和信息共享的网络信息服务平台。在责任主体上，需要明确政府和金融机构的责任，由政府政策主导和负责监管，金融机构共同出资推进。在平台搭建和管理上，要明确信息平台的框架结构、功能职责和权限、硬件和软件运行条件和管理模式等。具体包括：根据管理治理理念，确定信息平台的扁平化组织构架并明确界定网络信息平台参与主体（中国人民银行、商业金融机构、金融科技技术公司、农户等）在平台运营中的职责和权限，从信息的输入、传递、分割和输出等环节设计网络信息平台信息共享的实现路径及其所需硬件和软件。在管理模式选择上，通过权限管理模块、数据存储管理模块、信息处理系统模块和隐私保护管理模块的运行发挥网络信息平台的信息优势和治理优势。此外，在技术运用上，可借助区块链技术，明确界定政府、金融机构、金融科技公司和农户等责任主体在网络信息平台中的职责和权限，确保信息的真实性、完整性和安全性。

（二）多元信号特征下农户线下信息线上化的路径设计

基于网络信息服务平台，可实现对农户各类线下信息的采集、积累、转化和分类评价。农户线下多元信息线上化是实现数字普惠金融网贷交易的前提和主要依据。农户线下信息线上化不仅是农户线下信息到线上的简单挪移，还是信息获取方式的转变与拓展，是在农户线下多元信号信息（声誉评价状况、亲属好友圈层状况、参与合作组织类型等）线上显性数据化基础上，对农户线上互动和交易行为的持续记录、拓展与沉淀，以期形成较为完整地刻画农户特征的线上大数据信息，从而改变原来线下信息靠人际圈层信任的传统信任模式为依靠制度、交易规则和大数据信息技术为基础的制度信任模式。因此，可基于信息系统理论分析农户线下信息线上化信息生成机理，从信息的输入、转化、拓展、沉淀和输出五个环节设计农户线下信息线上化的实现路径。具体包括：建立农户的电子信用信息档案，采集农户基本信息、信誉状况、亲属好友圈层状况、是否参与合作组织、借贷情况、农业保险参保情况等各类线下信息并转化为线上农户电子信息，在线实时抓取农户的消费、信贷交易、线上社交网络互动等线上信息进行信息拓展，并借助于数据挖掘技术，将农户线下转化数据、信用特征数据、信贷交易数据、线上社交网络互动数据、消费行为数据等农户线上化信息进行有效筛选、识别并输出，从而为信用信息评定等级提供支持。

（三）基于多元信号特征的网贷风险管理体系构建

网贷交易得以实现除了要对农户线上多元信号信息评定等级外，还需要通过风险管理体系的构建降低信贷风险，保证资金有效回收。风险管理体系构建主要包括两部分内容：失信惩戒机制构建和贷款风险分担机制构建。

1. 失信惩戒机制构建

农户在获得贷款后，在用贷过程中，贷款机构需要对农户线上信用信息的分析、处理和信贷风险进行在线实时管控。具体可依托在线实时追踪的农村金融大数据信息将可信农户和非可信农户进行有效分离，同时对非可信农户的风险特征与类型进行刻画和分析，实现对网贷农户信任风险的在线实时管控。贷款风险管控的关键是如何设计失信违约农户有效惩戒机制，从而增加农户失信违约成本，减少其违约行为发生的概率，降低坏账风险。失信惩戒包括信用惩戒和联合惩戒，甚至有可能停止放贷，实施贷款熔断。

社会上有关违约不还款惩罚的方式比较多，尤其在互联网和大数据时代背景下，跨行联合惩戒开始实施，比如对违约贷款人在出行、住宿、通信、车辆登记、婚姻登记等方面给予限制。但惩戒手段主要还是金融机构同业制裁，即个人信用惩戒，如果贷款人违约不还款，则会被拉入金融机构征信“黑名单”，金融机构不会再为其办理一切授信和贷款业务。而这些都可以通过对贷款人电子信用信息档案的线上信用评级来实现。对农户进行信用评级后，一旦农户发生违约行为，银行就能够及时采取降低甚至取消个人信用评级的惩戒行动，不再为其贷款，从而降低银行未来信贷可能面临的风险。此外，金融机构通过信用评级增加了对农户信誉的认知度，进而提升了银行对农户还款意愿的辨别能力。而对于守信农户，可采用提升信用评级等级，适度提高授信额度和降低贷款利率等措施来加以激励，促进交易主体持续信任关系的达成，促使多次借贷行为的发生。

2. 贷款风险分担机制构建

贷款风险分担机制的构建主要解决非可信农户不良贷款坏账责任和损失分担问题，主要解决政府、涉农网贷金融机构以及第三方保险担保等多方参与的信任风险分担方式方法选择以及分担比例优化等问题，以减少金融机构的顾虑和风险。本书认为可建立“银证保担”四位一体的信贷风险分担机制，具体思路如图 8-2 所示。

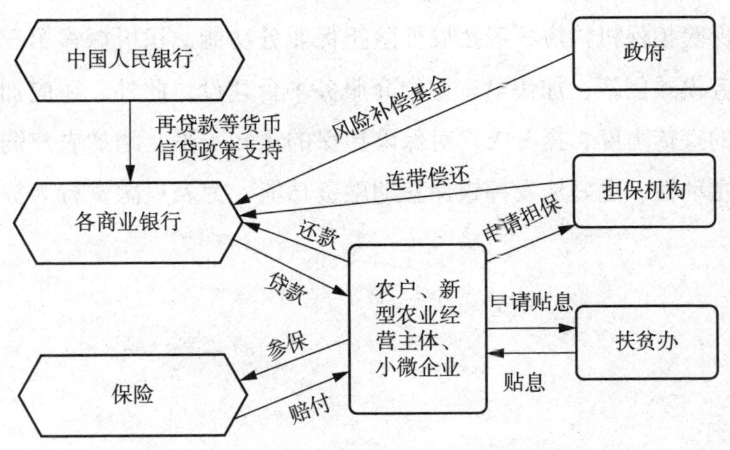

图 8-2 “银政保担”四位一体风险分担体系

政府部门设立信贷风险补偿基金，为金融机构提供信贷给予保障。政府部门还应出台相应的风险补偿政策，建立风险补偿机制。一旦金融机构在发放贷款过程中面临贷款风险，不能及时收回贷款时，风险补偿基金能够有效弥补其损失，降低信贷风险，有效解决金融机构发放贷款的后顾之忧。此外，扶贫办等政府扶贫机构可以利用扶贫资金等给予农户一定的贴息优惠，减轻农户的信贷负担。

中国人民银行作为管理机构，为了提升各商业银行发放贷款的积极性，可以为各商业银行拨付专项的帮扶再贷款，用于农户和小微企业贷款发放，降低各商业银行在贷款实施过程中的信贷风险。对于违约不还款的农户，还应积极推动“还款有益、违约惩戒”的社会惩戒约束机制的构建，尤其在互联网和大数据时代背景下，跨行联合惩戒开始实施，金融机构可增加农户违约的连带责任，从而有效避免其出现违约行为，降低贷款风险。

银行应多关注农户的信贷问题，积极探索金融工具的创新，开展无抵押担保信用贷款，基于互联网平台开展线上网贷业务，使金融机构在提供金融服务时，更加方便快捷，降低服务成本，提升服务效率，为农户提供更多的资金支持，助力农户致富发展。

此外，还应加强第三方中介服务平台和服务体系的建设。第三方作为中介方为金融供需方提供担保，从而保障农户的融资交易行为得以实施。因此，保险担保机构应积极拓展保险担保业务功能，积极探索第三方抵押担保服务模式创新，加快第三方中介服务平台建设，此外，还应加强对保险担保的宣传力度，提升农户对保险担保的认知水平，增加农户购买保险担保的主动性，更好地发挥银保互动融资功能，为农户融资行为提供有力的支撑。

第九章

普惠金融实现过程中农户信号特征作用的案例检验

一、案例分析目的和案例来源

（一）案例分析目的

本书前面各章节通过理论分析得出研究假设，并通过问卷调查数据实证检验了所提出的研究假设，并提出了多元信号组合对数字普惠金融目标实现的路径选择。本章通过真实发生的案例对农户借贷中农业保险信号和信誉一元信号与多元信号组合所发挥的作用进行现实检验，案例检验目的在于对前面章节中所得到的研究假设和研究结论进行印证，从而更进一步生动细致地展现农户借贷中一元信号和多元信号组合所起到的作用。

（二）案例来源

本章通过几个案例来进行案例分析，并在此基础上得出案例启示。案例 1 和案例 2 主要来自作者以及相关课题组成员对河南省开封市兰考县普惠金融综合改革试验区建设情况进行调研的信息和对兰考县谷营镇霍寨村“产业发展助力贷”帮助贫困户脱贫实地访谈的资料；案例 3 至案例 5 主要来自新闻资料和相关网站信息，作者在此基础上有所删减和修订。

二、农业保险和信誉信号案例分析

（一）兰考县普惠金融改革试验区：信誉变“现金”，无价也有价

2016 年 12 月 28 日，全国首个国家级普惠金融改革试验区落户兰考县，兰考县再次受到全国瞩目。兰考县位于豫东平原东部，总面积 1116 平

方公里，辖3个街道、5个建制镇、8个乡，总人口83万，其中农业人口62万，是典型的农业县。兰考县是焦裕禄精神的发源地，是习近平总书记第二批党的群众路线教育实践活动联系点，是全国省直管县体制改革试点县、国家新型城镇化综合试点县、河南省改革发展和加强党的建设综合试验示范县，同时也是贫困县、农业县的典型代表。兰考县地处中原城市群辐射区，区位优势明显，农产品资源丰富，是全国商品粮、优质棉生产基地。而普惠金融改革试验区的成立，标志着兰考县的普惠金融发展进入了新阶段。

兰考县作为国内首个普惠金融改革试验区，是国家精准扶贫、金融惠农政策有效落实的示范县，其普惠金融服务对象主要为农村乡镇企业、农村产业和农户家庭，该示验区建设的目标是在改革试验区内建立完善的普惠金融服务和保障体系，实现服务对象百分之百全覆盖，促进农户脱贫致富、农业高效发展、农村现代文明建设。在推动改革试验区建设的众多规划方案中，信用信息中心建设和农户信用贷款业务的开展是主要举措。实际上自从2015年10月兰考县普惠金融改革试验区申报工作启动以来，本着“边申报，边开展工作”的原则，兰考县已经开始启动中小企业和农村信用体系建设，搭建信用信息服务平台。具体由政府牵头组织成立信用信息服务中心，开发企业和农户非银行信用信息系统，并和中国人民银行征信系统一起构建信息跨部门采集及共享机制。搭建以“数据库+网络”为核心的信用信息共享平台，推进信息的有效征集、持续更新和合法共享应用。组织制定科学合理、适合中小企业和农户特点的信用评价标准，建立县、乡、村三级信用评审机制，开展中小企业信用评价和“信用户”“信用村”“信用乡镇”评定，强化评估结果应用，联合农村商业银行、中国邮政储蓄银行、中国农业银行和中原银行对信用评价等级高的企业和农户，发放“产业发展助力贷”，加大信用贷款支持力度。建立“守信奖励、失信惩戒”的联合奖惩机制，为讲信誉、有市场的中小企业、农户在资金、技术、服务等方面给予支持，对失信中小企业、农户进行联合惩戒。

兰考县信用体系建设已初见成效，并取得了一定的成绩。兰考县的信用体系建设与以往各金融机构对农户进行信用评级、发放贷款不同的是，在兰考县，孝敬老人的道德模范、邻里关系和谐的五好家庭等这类获得各类荣誉称号和政府表彰的先进家庭以及具有致富营生小手艺的小规模经营农户都能以他们身上所具有的这些“好信誉”向银行申请贷款。如果农户被被评为了“AAA级信用户”，他就能向银行申请8万元的“产业发展助力贷”，而且还能享受到“无抵押、无担保”的优惠待遇。兰考县信用信息中心由县政府统筹领导，形成了以中国人民银行、发改委、金融办等30个主体为主的县、乡、村三级常态工作组织，建立了信息跨部门采集共享机制，制定了符合兰考县地域特点的农户、企业信用信息指标体系，共17大类303项指标，实现了信息全覆盖。截至2017年2月18日，信用信息中心已收录农户信息15906户，企业信息5600户。并在此基础上，打造“信用+信贷”模式，先期设立风险补偿基金1000万元，开展三级评级和授信，即A/AA/AAA，分别授信3万元/5万元/8万元。截至2017年2月18日，对全县15906户已脱贫建档立卡贫困户中的2696户实施再帮扶，完成信用等级评定1208户（其中A级713户，AA级334户，AAA级161户），已完成授信户数931户，完成授信金额3166万元，发放帮扶贷款387笔共计1420万元，授信颁证、挂牌2000户。

正如上文所述，基于日常品行、致富能力等十分“接地气”的信用评价指标体系在兰考县和信用贷款紧密地结合在一起，使兰考县无数的农户对于“金融”这一曾经“高攀不及”词语的理解变得具体起来，使一度困扰农户多年的“贷款贵、贷款难”问题得到了缓解。

案例1

产业发展助力贷，脱贫致富奔小康

从贫困户到村里致富创业的能手，兰考县谷营镇霍寨村的韩海涛迎来了事业发展的新机遇。初中毕业的韩海涛是霍寨村韩庄定点帮扶的贫困户，一直以来都以耕种家里的几亩农田为生，农闲时打些零工补贴家用。2016年9月以来，韩海涛一家的生活发生了翻天覆地的变化，日子越来越好，其脱贫致富的关键在于有了“好路子”，并且有了信用贷款的“好政策”。

“好路子”就是自2016年4月以来，河南省农村信用社联合兰考县人力资源和社会保障局在兰考县谷营镇成立兰考县思富种植专业合作社，发展种植蘑菇产业，通过建设蘑菇种植大棚免费承包给合作社成员的方式帮助农户脱贫致富。在乡扶贫办和村扶贫工作组的帮扶下，韩海涛一家加入了合作社，承包了4个大棚来种植蘑菇。

“好政策”就是兰考县政府与兰考农商银行、中国邮政储蓄银行、中国农业银行、中原银行等联合推出的“产业发展助力贷”业务。政府设立县级信用贷风险补偿基金1000万元，帮助全县15906个已脱贫农户发展产业，贷款不需要抵押和担保，只要通过信用评级，就能获得相应的授信额度，还可以享受全额贴息优惠。农商银行是在霍寨村推行“产业发展信用贷”的对口银行，负责该村农户产业发展信用贷等级评定工作，主要采用A、AA、AAA三类评级制，分别授信3万元、5万元和8万元。

有了“好路子”，用上“好政策”，韩海涛申请了产业发展助力贷款，通过由村委会、党员代表和村民代表组成的评信委员会召开的基层评议（评选条件为：有产业或者合情的产业发展机遇、无贷款和担保、诚实守信、邻里关系团结、孝敬父母尊敬老人以及无不良恶习）后，农商银行在其信用信息中心系统信用评价的基础上，结合基层评议结果，又对其道德品质、家庭基本情况、产业发展意愿和征信情况进行了最终信用等级评定，在履行了相应的工作程序后，韩海涛获得了4万元的产业发展助力贷款，加上自己投入的2万元，韩海涛一家在2016年9月投入了生产。“等到2017年贷款到期后，我会及时还款，农商银行会根据我的经营情况再次评定信用等级，到时候估计就能贷到8万元。”

韩海涛的自信不是空穴来风，“蘑菇种植是一个半月一茬，一个蘑菇种植大棚，一年可以收获8茬蘑菇，现在的4个大棚，短短的6个月时间已经净收入2万多元”。尝到了种植蘑菇的甜头，韩海涛正打算扩展自己的大棚种植面积，依靠农商银行的信用贷款再种植4个大棚。

在韩海涛的带动下，许多农户加入合作社，种植蘑菇的热情高涨，目前已经建成开始投入种植生产的菌棚有80个，其中大多数种植农户都从兰考县农商银行拿到了不同额度的产业发展信用贷款。到2017年底菌棚数量将达到1000个，能解决近百户农户的就业问题。

案例2

回乡创业新希望，小保安成就大梦想

在访谈中，26岁的小伙子李更给人留下深刻印象，这个精干的小伙子只有初中学历，但现在已经是拥有保洁公司和干洗店且业务范围覆盖郑州和开封的年轻有为的老板。

“父母常年有病，一年花费好几万元，孩子又小，老婆没有工作，我非常感激扶贫办领导的倾力帮助，要不然我们一家7口的生存问题都不知如何解决。”李更如是说。

李更初中毕业后因为家境贫寒选择了外出务工，其在一家医院做保安，因为聪明肯干，很快就被提拔为保安经理，就在这时，因为接触到医院的管理人员，李更发现医院保洁这块儿存在商机，就萌生了回乡创业成立保洁公司的想法，这样不仅能解决医院卫生保洁问题，还能解决家乡劳动力的就业问题，更能帮助大家脱贫致富。由于缺乏资金，李更向村扶贫工作组和乡扶贫办说明了自己的想法，在得知李更的想法后，2013年，扶贫办的工作人员帮助李更成功申请到10万元的产业发展担保贷款，帮助李更获得第一桶金，李更很快就还清了贷款并成功实现了脱贫。

2016年，兰考县县政府与兰考农商银行、中国邮政储蓄银行、中国农业银行、中原银行等联合推出“产业发展助力贷”业务，李更又萌生了新的想法，他想利用这样的好政策拓展自己的业务，吸纳更多的人就业，于是在2016年6月向村扶贫工作组和乡扶贫办提出了信用贷款申请，由于李更个人口碑很好，又非常孝敬父母，之前的贷款又能按期偿还，信誉良好，按照“脱贫不脱政策”的原则以及相应的评审条件，李更通过了基层信用评审，农商银行在其信用信息中心系统信用评价的基础上，结合基层评议结果，又对其道德品质、家庭收入、资产和征信情况进行了最终评估，授予其为AA级信用户，李更获得信用贷款5万元。在获得产业信用贷款资金的支持后，2016 年 10 月，李更注册成立了干洗店，目前已经承包近 30 家医院、宾馆和洗浴中心的干洗业务。

兰考县的信用信息中心建设和开展的“产业发展助力贷”业务，实现了“信用+信贷”联动，将产业发展助力贷从现有贫困户扩展至全部农户、新型农业经营主体、小微企业，实现了“应贷尽贷”的普惠金融目标。

通过以上案例分析，我们可以得出以下启示：

第一，兰考县“信用+信贷”模式的有效推动建立在兰考县信用信息中心建设的基础上，该信用信息中心录入的涉农企业和农户的信用信息和人民银行征信系统中金融信用信息互为补充。因此，在采用“信用+信贷”模式过程中，首先应注重涉农企业和农户信用体系建设。政府应积极推动农村信用体系构建，对农户信息采集、管理以及跟踪反馈等环节出台相应的政策。如案例中兰考县在构建农村信用体系过程中就出台了《兰考县信用信息中心建设实施方案》（兰政办〔2016〕25 号）。

第二，在操作层面，应建立一套详细的农村信用评价体系评估信用等级和授信额度标准，作为金融机构发放信用贷款的依据。如案例中兰考县在信用等级评价中就制定了 17 大类 303 个评价指标。在信用评价指标体系的构建上，兰考县结合农户个体信誉特征，选择比较“接地气”的信誉评价指标，如孝敬老人的道德模范、邻里关系和谐的五好家庭等这类获得各类信誉称号和政府表彰的家庭以及具有致富营生小手艺等经营能力的小规模经营农户等，使这些农户的信誉“软实力”真正获得重视。

第三，加大征信知识宣传力度，鼓励农户注重积累信誉。在农村信用体系建设过程中，应开展多种形式的宣传活动，加强农户的诚信教育，大力弘扬诚信美德，夯实农村信用体系建设的思想基础，从而增强农户的信用意识，使其能够意识到在抵押品不足的情况下，拥有良好信誉也能够获得金融机构的信贷支持，从而主动积累自己的信誉。如案例中兰考县开展了“普惠金融宣传月”“金融知识普及月”等活动，广泛宣传金融政策法规，提升农户的信用意识和金融知识素养。

第四，积极鼓励农村金融机构大力发展农村信用贷款业务。如案例中兰考县所开展的“产业发展助力贷”业务，需要农商银行、中国农业银行、中国邮政储蓄银行和中原银行等农村金融机构的广泛参与，这就需要政府部门出台相应的政策给予扶持，划拨政策性资金给予风险补偿。兰考县政府设立了1000万元信用贷风险补偿基金，一旦金融机构在发放贷款过程中面临信用贷款风险，不能及时收回贷款，风险补偿基金将弥补其80%的损失，金融机构只需承担20%的损失，有效地解决了金融机构发放贷款的后顾之忧。

第五，在信用贷款发放过程中，农村金融机构还应建立“守信奖励、失信惩戒”的联合奖惩机制，为讲信用、有信誉的中小企业、农户在信贷额度、利率、服务等方面给予支持，对失信中小企业、农户进行联合惩戒。除了加大对失信人员的信用惩罚力度，降低其信用等级，对其个人失信信息张榜公布并将其列入金融机构“黑名单”外，还应增加对其的社会惩罚力度，如在享受补贴奖励政策、不动产交易、出行、住宿、通信、车辆登记、婚姻登记等方面给予限制。此外，还应增加违约的连带责任，如已有实施的“信用村+信用户”信用贷款模式，一户失信，全村受损，从而有效降低农户违约率。

（二）安徽蚌埠：“农业保险贷”助力现代农业远航

作为第一个实现农业保险全省覆盖的省份，安徽省自2012年开始开展农业保险保单涉农贷款业务，替很多种养大户解决了资金难题，并选择部分地市进行农业保险保单涉农贷款业务试点，由于蚌埠市的农业保险参保率高达99%，蚌埠市成为农业保险保单涉农贷款业务试点之一。

蚌埠“农业保险贷”的基本做法①

第一，积极开展农业保险保单涉农贷款业务。根据农业保险保单直接贷款，农业经营主体以保险公司开具的农业保险保单为涉农贷款凭证，直接向金融机构申请贷款。

第二，明确贷款申办主体和申办对象。在上述农业保险保单涉农贷款业务开展中，首先要明确申办主体主要是保险机构和金融机构。保险机构

---

① 该部分内容来自中保网公布的信息，本书中有所修改。

主要是国元农业保险公司其主要负责承保；金融机构是徽商银行蚌埠分行和蚌埠农村信用社，其主要负责发放贷款。此外，还积极鼓励其他金融机构、保险公司和担保机构参与开展此类业务，分担风险。在申报对象的选择上，主要针对农业种养殖大户、龙头企业和农村合作经济组织等规模经营主体提供农业保险涉农贷款业务，申报条件为种植业参保面积1000亩以上、养殖业能繁母猪参保500头以上、奶牛参保100头以上的农业规模经营主体，并为其构建信用档案。

第三，制定各项政策和措施，保障惠农政策落到实处。蚌埠市政府成立专门的农业保险试点工作领导小组，负责制定各项政策措施、建立风险补偿机制并实施各项财政贴息贴费优惠政策，极大地促进了申办主体参与保单发放贷款的积极性和申办对象保单申请贷款的积极性。首先，实施财政支持，建立风险补偿机制。由政府出资成立风险补偿基金，建立相应的风险补偿机制和财政贴息贴费优惠政策，对开展农业保险涉农贷款业务的银行给予每笔贷款0.5%的奖励，由地方财政给予支付。其次，实施保费率与贷款利息优惠政策。金融机构贷款利率按惠农政策规定，不得高于一般贷款利率。最后，明确贷款办理期限和贷款额度。在申报资料准备好的情况下，涉农贷款从申请到发放的时间原则上规定在30个工作日内。单款额度则由金融机构根据申请贷款人的具体情况给予评估确定，不设上下限，最高贷款额度一般为保险额度的70%~80%，贷款期限为12个月。

通过农业保险贷款业务的开展，蚌埠市积极盘活了农业保险保单资源，为农业规模经营主体贷款提供了支持，建立了农业保险与农业规模经营互促共进机制，更好地发挥了农业保险服务“三农”的作用，缓解了农户在生产经营过程中面临的贷款难问题，并取得初步成效。截至2013年底，蚌埠市通过保单涉农贷款业务已累计向当地17户各类农业经营主体发放专项贷款26笔，贷款金额近7000万元。其中，和平乳业以奶牛保险保单向当地信用联社直接贷款1500万元，创安徽省养殖业保险保单涉农贷款历史纪录。

案例3

“蚌埠粮王”：有了保险咱不怕了①

说起赵其瑞，蚌埠人无人不知，无人不晓，他是蚌埠市怀远县马城镇人，曾在2007年和2009年两次获得农业部“全国粮食生产大户”的称号。现如今，他租种的土地已达1.3万多亩，粮食年产量达到2000多万斤，是蚌埠名副其实的“粮王”。

赵其瑞高中毕业后外出打工，几年后在江苏黄海农场承包了几百亩地生产粮食，从此和种粮结下了不解之缘。他大干了三年，每年都有十几万元的收入，而当时打工每个月也就挣一两千元。地种的好，也一样可以发家致富。

赵其瑞在外种粮的事情传到了家乡，等他回家探亲时，马城的村干部找到他，说有几百亩荒地，由于地势低容易淹，乡亲们都不愿意种，看他是否愿意承包下来种粮。赵其瑞思考再三，决定回家乡种粮。于是，2004年，赵其瑞承包下那几百亩地，并筹资挖沟开渠，把低洼地变成了旱涝保收的良田，当年就获得收入近20万元。从此，赵其瑞的种粮事业一发不可收拾。流转到他手里的土地已达上万亩，生产的水稻、玉米和小麦，年产2000多万斤，赵其瑞成为远近闻名的种粮大户。同时，他自己也成立了瑞农现代农业种植有限公司，出任董事长兼任总经理，吸纳周围村子的贫困户或者剩余劳动力来公司工作，解决上百人的就业问题。

赵其瑞的事业做得风生水起，但他也越来越忧虑，“种地是高投入的行业，利润稳定但微薄，一旦遭遇自然灾害，就会蒙受巨大损失，一年就白干了，风险很大”。正是因为有这样的顾虑，2008年当怀远县启动政策性农业保险后，赵其瑞就率先在国元保险为自己的3000亩小麦和水稻上了保险。2009年的冻灾使赵其瑞的水稻损失严重，但是保险公司的赔付减轻了他大部分的损失，如今，他的上万亩土地全部上了农业保险。“上了农业保险，虽然要缴纳一定的保费，但是有了保障，一旦发生自然灾害，保

---

① 该案例来自中国工商银行网站，有所修改和删减。

险公司的赔付能帮助我渡过难关。这使我心里有了底，就不害怕了，铆足干劲朝前发展。”

除了担心自然灾害，赵其瑞烦恼的事情还有资金不足的问题。这几年公司发展势头很快，愿意土地流转的农户也越来越多，如果能够抓住机遇，公司的规模会更大，但是资金来源不足却成为制约发展的最大障碍。

“虽然我个人信誉度较高，固定资产也有几百万，但是没有产权，土地也是只有使用权，不能抵押，从银行是贷不到款的，只能通过非正规渠道借钱，但利息又太高。”赵其瑞显得很无奈。他算了算成本账，一年要支付给农户的承包费是1000万元，加上种粮的种子、化肥、农药和农机设备的投入，一年就需要400多万元，这样下来一年就需要1500万元的投入。“种粮的人都知道，要想见到现钱只有等到粮食收获后，因此，往往季节性周转资金的缺乏就成了老大难”。

2012年，蚌埠市实施的小麦、奶牛政策性农业保险保单涉农贷款业务政策出台，这给赵其瑞带来了新希望，也使他成为蚌埠开展农业保险贷的第一位受益者。2012年1月，赵其瑞通过农业保险第一次从银行贷到了100万元，当年11月，又再次贷到250万元。“这两笔钱确实极大地缓解了我的资金周转问题，真是雪中送炭。”赵其瑞高兴地说。

据了解，通过“财政+保险+担保+银行”的四方联动模式，蚌埠市的保单涉农贷款业务已经累计帮助24家种养大户、100多家农业产业化龙头企业获得贷款1.05亿元。

以往农业保险的主要作用在于解决灾后补偿的问题，但通过保单涉农贷款业务这种方式，拓宽了农业保险的作用。一是降低了农业经营主体贷款门槛，消除了农业经营主体抵押品缺乏的困境，切实解决了农业经营主体贷款难的问题。二是拓展了银行涉农金融产品，农业经营主体不仅可以根据保单保额的大小进行较大金额的贷款，并且还可以根据粮食作物生长期不同选择不同保单进行多次贷款，满足农业生产资金需求大、成本回收期长的特点，切实解决了农业经营主体的实际问题。三是简化贷款环节，提高贷款效率。银行设立专门的办理保单涉农贷款业务窗口，尽量减少中间环节，并承诺从申请到发放要在30个工作日内完成。四是促进了农业保险的发展。农业保险和银行贷款相结合，拓展了农业保险的功能，也提升了农业经营主体购买保险的积极性和购买力，实现了风险保障和信贷融资的双重功能，也使保险公司的经营业务有了新的发展空间。

通过以上案例分析我们可以得出如下启示：

第一，农业保险涉农贷款业务开展的首要前提是农业保险的覆盖率比较高，案例中安徽省的农业保险已实现全覆盖，这为农业保险涉农贷款提供了基本的参与基础。因此，各地在开展农业保险涉农贷款时应首先推动农业保险的实施力度，提高政策性农业保险的覆盖面。

第二，农业保险涉农贷款需要多方积极主动的参与，需要政府部门、金融机构、保险公司等多方联动合作。从安徽蚌埠的案例中可以看到，政府部门除了加大政策性资金的投入，增加农业保险的保费补贴比例之外，还对开展政策性农业保险保单涉农贷款的金融机构，由财政给予一定的奖励，此外，政府部门还应承担风险补偿的功能，建立风险补偿机制，提供风险补偿基金，即万一出现亏损，政府能够承担兜底的责任，从而解决金融机构和保险公司的后顾之忧，增加金融机构和保险公司参与的积极性。

第三，农业保险涉农贷款的主要参与人和受益人是农户与农业小规模经营主体，因此，应采用多种方式提高其参保积极性，使其享受到普惠金融优惠。从案例中看到，除了加大对农户参保保费的政策补贴力度外，还应进一步提高农业保险的保险额度，由保成本向保产量、保收入转变。此外，还应采用灵活多样的涉农保险涉农贷款模式，如案例中蚌埠采用的贷款不设上下限，最高贷款可为保险额的70%~80%；随季节不同在年内可通过不同保单进行多次贷款等，从而有效提高农户参保积极性。

通过以上案例研究，我们发现无论以农户个体信誉特征，还是以农户参保农业保险作为抵押品替代来增加农户的信贷可得性均在现实中得到了验证，而基于“农户信誉+农业保险”的二元信号组合通过实证的检验发现其具有更强的抵押品替代效应，具有两类信号的农户其获得贷款的概率比具有一元信号的农户更大，并且获得的贷款也更多。基于以上的理论和实证的分析，现实中也开始探索以该二元信号组合为主体的“保险+信贷”组合模式。例如，兰考县在获批普惠金融综合改革试验区后，所计划建立的“人民银行扶贫再贷款+地方法人金融机构信用贷款+政府风险保证金+财政贴息+农业保险”的五位一体的普惠金融改革模式就是对此的有益尝试。

在该五位一体的普惠金融改革模式中，农户的信誉状况和是否参加农业保险是各商业银行决定是否发放贷款的重要参考指标。首先是在保险公司对农户种植作物或养殖的牲畜以及水产品等进行投保的基础上，对有贷款意向的农户的信誉状况进行信誉评级，信誉评级主要由所在地的村委会委员、党员和群众代表三方就农户个体信誉特征，如个人口碑、孝敬老人、道德品质、邻里关系状况以及是否具有致富营生小手艺等经营能力这些指标进行投票，对农户的整体信誉情况进行评价。对于被评价为信誉良好的参保农户，各商业银行可以对其进行最高额度为50万元的贷款，并且与农户签订合同，银行作为农业保险的第一受益人，也就是说如果到期农户因生产经营遭受损失不能按期还款，农业保险的赔偿则作为银行的还款保证。在该普惠金融改革模式推进过程中，为了提高各商业银行和农户参与放、贷款的积极性，政府、扶贫办和中国人民银行也实施了各项有益的举措来鼓励金融互惠。中国人民银行为了提升各商业银行发放贷款的积极性，为各商业银行拨付专项的扶贫再贷款，用于对农户发放贷款，为了降低各商业银行在贷款实施过程中的信贷风险，政府又专门成立风险保证金，如兰考县人民政府成立了1000万元的风险保证金，一旦农户发生违约行为，政府将为此承担80%的风险补偿，而银行只需承担20%的风险损失，有效地降低了银行的顾虑和信贷风险。此外，为了提升农户申请贷款的积极性，政府扶贫办拨付了专项资金给贷款农户以信贷贴息优惠，有贷款的农户，可直接向当地的政府扶贫办申请信贷贴息优惠，这样农户所得贷款就只需支付少许的贷款利息甚至是无息，极大地提升了农户贷款的积极性。

三、数字普惠金融案例分析

中国农业银行：惠农 e 贷，数字普惠助力新时代

作为扎根“三农”、服务“三农”的大型国有商业银行，中国农业银行一直致力于农村金融市场上金融产品的创新与探索。随着互联网和大数据等信息技术的运用，科技金融发展迅猛。结合市场信贷需求，创新推出数字化转型信贷产品——惠农 e 贷，成为金融机构服务“三农”的一款线上化、普惠化、便捷化和批量化的贷款产品，有力助推了普惠金融目标的实现。惠农 e 贷的主要做法有以下几个方面。

第一，提供定制服务，精准定位信贷需求。中国农业银行主要根据当地产业特色，结合从当地农产办、畜牧局、产业协会和村委会等部门获取的种植、养殖户资料和信息，确定当地的“惠农 e 贷”特色信贷产品，实施定制服务，其在全国各地推出了各类线上特色信贷产品达几千种。例如，中国农业银行河南兰考支行推出的“普惠金融助农普惠贷”“畜牧惠民贷”“民族乐器贷”“兰考蜜瓜贷”“助粮贷”“乡村健康贷”“烟商贷”“农资贷”“乡贤贷”“种植大棚贷”等产品；中国农业银行贵州遵义湄潭支行推出的“茶农 e 贷”“椒农 e 贷”“烟商 e 贷”“乡村旅游 e 贷”等产品，极大地提升了普惠信贷产品的服务范围和服务效率。

第二，线上线下相结合，简化业务流程。“惠农 e 贷”通过线上批量采集农户信息数据完成对农户授信。有信贷需求的农户通过网上银行或者手机终端 App 在线申请，经过线下调查进行线上放款，系统自动审核批准，线上线下相结合，有效缩短放款时间。例如，中国农业银行河南兰考支行推出的“惠农 e 贷—民族乐器贷”，其办理流程：有信贷需求农户线上申请贷款并准备好夫妻双方的身份证、户口本、结婚证、营业执照、农行卡（必须办理农行网银、掌银），以及村委开出的信誉证明，由农行客户经理上门收集资料并核实，导入“惠农 e 贷”模型，系统自动判断是否符合条件，符合条件的在 10 分钟内即可发放贷款。

第三，采用多种贷款模式和优惠制度，满足农户信贷需求。“惠农 e

贷”主要采用信用贷款模式，除此之外，还有特色产业模式、电商平台模式、政府增信模式、产业链模式和法人保证担保模式等。纯信用贷款一般贷款额度在0.3万~10万元，并且可以循环使用，随借随还。授信期可达五年，还款后如需再贷款，可在网银和手机终端App自行申请放款，在授信期内可反复使用信用额度。此外，“惠农e贷”放贷利率优惠，一般按照中国人民银行同期基准利率或者微上浮确定。中国农业银行通过多种贷款模式的运用和贷款额度提升、利率优惠制度最大限度地满足了农户信贷需求。

第四，利用数字信息技术，做好风险管控。风险管控的关键在于如何获得真实有效的信息，通过分析来预警和管控。首先，利用数字信息技术，全方面、多途径地获取客户的数据信息，并对不同途径和渠道获取的数据信息进行交叉验证，保证了数据信息的真实性；其次，通过构建系统风控模型，将各类数据信息导入模型进行不同等级的风险识别，有效认知风险和预警风险；最后，通过系统自动风险监管，对放贷后的资金用途进行管控，明确资金流向和使用，有效降低贷后风险。

案例4

“茶农e贷”，幸福路上有担待①

走进茶乡贵州省湄潭县，只见一片片绿意盎然的茶园随着丘陵起伏蔓延，茗香茶韵扑面而来，一栋栋红柱白墙的民居镶嵌点缀在万绿丛中，茶园里有不少采茶人忙碌的身影，欢笑声回荡在山水之间。这是中国农业银行湄潭县支行依托当地特色茶产业，创新金融产品，带动茶农增收脱贫所取得的可喜成果。

湄潭县因茶而兴，因茶而富。种茶、采茶、卖茶、饮茶，已成为湄潭人生活的一部分，而发展茶产业也逐渐成为湄潭人增收脱贫的必由之路，小小茶叶已经成为撬动湄潭脱贫的有力杠杆。目前，湄潭县茶叶加工企业

① 该案例来自遵义市银行业协会网站，有所修改和删减。

已达600余家，茶叶年加工量达7.5万吨。

中国农业银行湄潭支行根据当地茶产业特色，先后组织客户经理走村入户，根据兴隆、永兴、湄江等乡镇的茶叶生产经营情况确定基础授信额度，通过创新推出“茶农e贷”特色产品，为当地农业产业化龙头企业、“茶旅一体化”项目以及（贫困）农户等提供优质金融服务，为当地脱贫攻坚创造有利条件。

几年前，湄潭县核桃坝村村民胡兴宇突发疾病而导致失明，家里唯一的经济支柱倒下了，年幼的儿子还在上学，这个三口之家成为村里的建档立卡贫困户。后来。胡兴宇到镇上的盲人按摩店做零工，妻子也外出打工补贴家用，但家庭人均年收入仍不足4000元。中国农业银行湄潭支行客户经理了解情况后，为胡兴宇一家发放了“茶农e贷”。一家人将贷款投入到村里的集体合作经济组织，合作组织增强了资金实力，通过统一管理茶园、销售茶叶，生产效率成倍提升，扶贫带动作用显著增强，一家人因此获得不少分红，家庭收入实现翻番。“照这样下去，我盖新房的愿望很快就能实现了。”胡兴宇乐呵呵地说，眼睛里闪现着幸福的光芒。

此外，中国农业银行湄潭支行通过积极支持当地专业大户扩大生产规模，对茶叶进行深加工，带动更多贫困户增收脱贫。在湄潭县永兴村，金大伦是村里的种茶大户并开办有自己的茶叶加工厂。2018年，在中国农业银行湄潭支行300万元贷款支持下，他不仅收购了700余吨茶青，还招了不少零工帮忙采茶进行深加工。在加工厂里，周国松夫妇负责包装茶叶，前些年夫妻二人在外省打工，工资只能勉强维持家用，可年迈的父母不断生病，家里经济状况日渐拮据，成了村里的贫困户。后来，夫妻二人回乡进入金大伦的茶叶加工厂打工。“在金老板的加工厂干一天就有150元收入，比出去打工强多了，老人小孩还可以一起照顾。”周国松开心地说，脸上洋溢着幸福的笑容。

案例5

“e”路浓情服务脱贫攻坚，全力助推复工复产①

“惠农e贷”作为服务乡村振兴的“主打产品”，是促进县域经济发展的“大引擎”。近年来，中国农业银行河南省开封分行借助当地大蒜种植基地、粮食主产区、畜牧养殖基地等特有优势资源，因地制宜推出“富渔贷”“大棚贷”“蒜e贷”等24个“惠农e贷”子产品服务方案，有力推动当地特色产业升级。截至2020年5月末，该行“惠农e贷”余额达3.43亿元，较年初净增1.37亿元。

“动动手指，贷款就能到账，从来没想到办理贷款还能这么容易!”近日，兰考县红庙镇夏武营村大棚种植农民张平安线上办理完“惠农e贷”后说。“我们现在都是采取整村推进方式，客户经理整天都在村里收集农户资料，晚上回行后再录入系统，为的就是让数据多跑路，农民少跑腿。”中国农业银行开封分行“三农”金融部总经理陈俊涛说。此外，该行还从当地产业协会、畜牧局、农产办、村两委等渠道获取农户资料，认真筛选形成“白名单”进行精准对接，指导农户使用线上申贷渠道，提高线下工作效率，切实解决农户办理贷款“最后一公里”问题。目前，该行单笔“惠农e贷”的办理时间最短可压缩为半天，平均时间也从3天缩短为1天。

国家地理标志产品“兰考蜜瓜”是兰考县的脱贫“利器”之一。为了早日脱贫，兰考县葡萄架乡王庄村村民赵换铃两年前种起了蜜瓜，但由于资金有限，仅有的1个大棚难以维持全家6口人的生计，生活仍然没有明显改善。中国农业银行开封分行客户经理了解情况后，主动上门为她介绍“大棚贷”产品，并运用政府增信机制向其在线发放10万元贷款。连续两年的贷款支持，让赵换铃的种植大棚扩大到10个，2019年家庭收入达12万元。如今，赵换铃已成为村里的大棚种植能手和致富带头人，每次提到中国农业银行，她都深有感慨地说：“是农行帮我迈过了最难的那道坎儿啊!”

---

① 该案例选自中国城乡金融报网站，有所修改和删减。

今年疫情期间，杞县裴村店乡许岗村山羊养殖农民许建兵成为中国农业银行实施“隔离不隔服务”政策的受益者之一。许建兵在中国农业银行开封分行连续两年的“惠农 e 贷”支持下，山羊养殖数从之前的 8 头增加到 32 头，养殖数已初具规模，并成功摆脱了贫困。但是疫情发生后，他养殖的山羊没了销路，家里一下子失去了收入来源。为了防止其返贫，该行客户经理在为其设置还款宽限期的基础上，还在当地餐饮业有序开放后主动为他寻找销路，联系多家火锅店、羊肉汤馆，帮助销售出栏期山羊 12 头，收入 3 万多元，解决了他的燃眉之急。

通过以上案例分析我们可以得出如下启示：

第一，普惠金融走数字化、线上化之路才能真正起到服务长尾客户的目的。传统普惠金融服务成本较高，因为广大长尾农户往往地处边远，居住分散，只有小额零星的信贷需求。由于单个农户边际服务成本较高，信贷风险较大而阻碍了普惠金融的推进力度。但是在推行数字化、线上化后，授信、审批和放贷均可以在线上进行，只要有互联网网络，金融业务就可以触及任意一位长尾农户群体，而且可以通过系统进行在线监管和风险管控，有效节省了线下信贷成本。如案例中所提到的农户，他们是广大长尾农户中的一员，通过线上信贷业务办理，其信贷需求获得有效满足，因此，数字化、线上化是普惠金融发展的必由之路。

第二，数字普惠金融应根据长尾农户的需求提供特色信贷产品和服务，才能真正提升普惠金融服务实效性。金融机构在推进数字普惠金融过程中，往往根据当地产业特色和农户自身的家庭经营优势来进行信贷资助。如上述案例中中国农业银行所推出的“茶农 e 贷”“蜜瓜贷”等信贷产品，既利用了当地产业资源增信，又助推了当地产业的发展。此外，由于其可进行线上化操作，所以可在线提供较为丰富的信贷产品供客户选择，更加符合个性化的需求，有效提升金融服务的实效性。

第三，农户信用体系建设要注重农户多元信号信息线上化，为数字普惠授信和风控提供信息支撑。通过前文的理论和实证检验表明，农户多元信号信息能够有效显示农户还款意愿和还款能力。而一直以来，农村信息体系建设相对比较薄弱，农户多元信号指标体系的构建，对农户信息进行采集并录入征信系统，使农户能够建立比较全面的初始信用信息记录，随后通过在线平台审核、信用等级评定、信贷发放和收回等交易活动对其授信、用信和还信状况进行在线记录，逐步建立起完善的信用信息体系，通过大数据信息技术来进行风险评定，也有利于评估信贷风险。比如上述案例中贵州湄潭县的“茶农 e 贷”，其通过对其家庭收入、财产状况、土地流转状况、农具物资等各类信息的线上综合统计评估，在线发放贷款并进行交易记录，农户随时可以在线查看自己的授信额度和还款利率、还款期限等信息，有效保证了普惠金融时效性，大大降低了信贷风险。

第四，数字普惠金融还应做好金融知识宣传工作，强化大众金融意识。普惠金融工作要想落到实处，还需要广大农户有金融意识，能够利用普惠金融优惠政策获得资金，谋求发展。但是由于在广大农村地区，农户长期以来受传统文化的影响，信贷意识不足，创业观念不强，有好的政策并没有得到很好的利用。因此，普惠金融业务的开展除了金融机构着力提供产品创新与服务外，还应做好金融知识宣传工作，通过金融机构网点、驻村普惠金融服务站、线上平台、微信公众号等线上和线下方式进行普惠金融政策、法规、信贷产品与服务的宣传和动员，提升农户对普惠金融的认知水平，唤醒农户的信贷意识，提高农户获取普惠金融服务的主动性，从而促进农户发展生产，助力农户创业增收。

第十章

研究结论与对策建议

本书以如何缓解农村金融抑制问题，促进农村普惠金融目标实现为出发点，在对河南省农户进行随机入户调查的基础上，主要从理论研究、实证研究、案例研究和对策研究等几个方面来展开论证分析。理论研究部分主要从信号传递理论出发，分别研究农户农业保险信号和信誉信号在解决农村金融抑制问题中的不同作用机理。在此基础上，创新性提出能够显示农户类型的多元信号组合，把不同质量的农户类型分离开来，从而得到农户和金融机构之间的合作解，力争突破单一信号易引致逆向选择和道德风险的理论困境，开辟农村金融抑制问题理论研究的新视角，丰富信号传递理论；同时，本书对数字普惠金融的相关内容进行了详细介绍，并基于当前信息技术背景下，如何通过获取农户多元信号信息实现数字普惠金融目标的路径进行了探讨。实证研究部分主要基于理论研究所提出的假设，在对河南省农户进行随机调查的基础上，通过构建统计计量模型实证检验农户一元信号和二元信号所具有的抵押品替代效应以及对农村金融抑制所具有的缓解作用。案例研究部分则基于以上理论和实证分析，通过对真实案例的分析从更为真实的层面来验证上述研究结果。对策研究则分别从政府在政策和资金方面如何促进农村普惠金融发展的宏观层面，金融机构如何拓展金融创新产品、发展农村普惠金融市场的中观层面以及农户如何彰显自身信号特征的微观层面对我国农村普惠金融市场的发展提出政策建议，以增加农村普惠金融市场资金供给，改善农村金融市场效率，缓解农村金融抑制问题。

一、研究结论

（一）有关农业保险信号的研究结论

1. 理论研究主要结论

第一，本书通过构建参保农户与未参保农户净收益模型进行比较分析发现，参保农户比未参保农户可获得更多的生产收益，并且农户参保需要花费一定的保费成本，其需要权衡保险收益和成本之间的关系。因此，对于农户来讲，参保与否取决于保费水平的高低。农户可接受的保费水平又取决于贷款数量、违约惩罚、农户经营风险和保险赔偿率等因素，并且参保费水平与这些因素均为正相关关系。

第二，本书通过构建银行净收益模型进行分析发现，在贷款额度一定的情况下，向参保农户发放贷款所获得净收益要高于向未参保农户发放贷款所得净收益。由于农业经营风险的存在，参保农户比未参保农户拥有保险保障，所以银行更倾向于向参保农户发放贷款。

第三，本书将农户效用和金融机构效用放在同一分析框架中，通过构建体现双方福利最大化的社会总效用模型进行分析发现，银行对于参保农户的最优贷款额度大于未参保农户的最优贷款额度需要一定的条件，并取决于社会违约惩罚率 λ、银行还本付息率 R 以及保险公司保险赔偿率 k 的大小，总体来讲，社会违约惩罚率越大，保险赔偿率越高，则农业保险的信号传递功能越强。

2. 实证研究主要结论

第一，本书通过独立样本 T 检验，对参保农户和未参保农户信贷可得性和所得贷款额度分别进行分析发现，参保农户比未参保农户获得贷款的概率高出 0.288，参保农户更容易获得银行贷款。参保农户平均可获得贷款数额比未参保农户平均可获得贷款数额高出 0.577 万元，并且在 10%水平上显著。本书对参保农户的收入情况进行分析发现，参保农户年均总收入比未参保农户年均总收入高出 2.017 万元，并且在 1%水平上显著。尽管在农业收入金额上的差异没有通过显著性检验，但从调查的数据样本来看，参保农户所获得的农业收入平均比未参保农户获得的农业收入多出0.843万元，由此可知，参保农户比未参保农户获得更多的生产收益。此外，参保农户家庭劳动力数量、耕地面积显著高于未参保农户家庭劳动力数量和耕地面积。相比未参保农户家庭，参保农户家庭的学生人数和外出务工人数相对较少。

第二，本书通过Logit模型分析发现，保费水平的高低显著影响农户是否参保，并且在1%水平上显著负相关，即保费水平越高，农户选择参保的可能性越低。由此可知，对于农户而言，选择参保与否取决于保费水平的高低。此外，劳动力人口、受教育程度、是否为党员、耕地面积和总收入对农户是否参保具有正向显著影响，而外出务工人口对农户是否参保具有负向显著影响。本书对农户信贷可得性进行分析得出，农户总收入与农户信贷可得性正相关，通过检验参保与未参保对农户信贷可得性的影响发现，参保农户更容易获得银行贷款，并且在5%水平上显著正相关，结合独立样本T检验中相关研究结论可知参保农户更容易得到银行贷款，参保可以增加农户信贷可得性。

第三，本书通过Tobit回归模型分析发现，农户是否购买农业保险显著影响农户信贷额度，参保农户比未参保农户平均多获得贷款1.1万元，结合上述单因素独立样本T检验的研究结论可知，参保农户所得最优贷款数量高于未参保农户所得最优贷款数量，参保可以提高农户所得贷款额度。对农户基本特征进行分析发现，村干部对农户信贷额度有显著的正向影响，并且在1%水平上通过统计检验。从偏回归系数来看，村干部身份所带来的信贷额度的增加值最高，有村干部的农户家庭比没有村干部的农户家庭平均多获得贷款3.415万元。受教育程度的提高也能有效增加农户的信贷额度，从偏回归系数来看，学历每提高一个档次，所获得的贷款额度平均增加0.6万元，说明学历的提升对贷款额度具有显著的正向影响。

（二）有关信誉信号的研究结论

1. 理论研究主要结论

第一，通过分离均衡结果可以看出，农户信誉信号在博弈中存在分离均衡必须具备一定的条件，并且与行动成本、违约惩罚和农户获得贷款收益相关。高还款意愿农户建立高信誉的成本应该在一定区间范围内，不能太高也不能太低，信誉成本太高农户就会丧失获取信誉称号的动力，信誉成本太低，低还款意愿农户就会跟随模仿，通过各种途径获得荣誉称号把自己伪装成为高还款意愿农户。同时农户得到贷款后，一定要有正的净收益，这样高还款意愿农户才有动力去主动积累其信誉，增加贷款可得性。同时，收益也不能太大，不然容易诱使低还款意愿农户粉饰自己来获取信誉称号，产生寻租行为，进而破坏分离均衡。对传递高信誉信号违约农户的社会惩罚应足够大，这样才能产生一定的威慑力，减少低还款意愿农户伪装成高还款意愿农户的行为。

第二，通过准分离均衡分析可知，准分离均衡存在的条件是社会惩罚力度要足够大，这和分离均衡中得出的条件一致，并且也再次印证了第五章中相关研究结论，此外，银行还应提升对贷款农户类型的辨别能力。目前，社会上有关违约不还款惩罚的方式比较多，但主要手段还是金融机构同业制裁，即个人信用惩戒，这些都可以通过对贷款人的信用评级来实现。对农户进行信用评级后，一旦农户发生违约行为，银行就能够及时采取降低甚至取消个人信用评级的惩戒行动，将其拉入“黑名单”，不再为其贷款，从而降低银行未来信贷可能面临的风险。此外，金融机构通过信用评级增加了对农户的认知度，进而提升了银行对农户还款意愿的辨别能力。

2. 实证研究主要结论

在以上理论分析的基础上，本书在实证检验部分，采用两个维度变量对信誉信号进行测量，即农户获得的各类信誉称号、政府表彰和农户信誉他人评价结果。

第一，本书通过独立样本 T 检验，对不同信誉农户信贷可得性和所得贷款额度分别进行分析发现，高信誉农户比低信誉农户获得贷款的概率高出 0.248，高信誉农户更容易获得银行贷款，高信誉增加了农户信贷可得性；高信誉农户平均可获得贷款数额比低信誉农户平均可获得贷款数额高出 0.825 万元，高信誉进一步增加了农户的信贷额度。对两类农户的其他基本特征进行检验分析发现，高信誉家庭人口数显著高于低信誉家庭人口数；村干部身份和党员身份对信誉高低也有显著影响，高信誉家庭拥有村干部或者党员身份人数显著高于低信誉家庭农户；此外，高信誉农户家庭受教育程度显著高于低信誉农户家庭，高信誉农户家庭耕地面积也显著高于低信誉农户家庭。

第二，本书通过 Logit 模型分析发现，是否获得高信誉影响农户信贷可得性，并且在 1%水平上显著正相关，即高信誉农户更容易获得信贷贷款，这充分证实了信誉具有信号传递效应，能够缓解农户所受信贷配给，结合独立样本 T 检验结果可知，高信誉增加了农户信贷可得性。对农户是否获得信用评级进行分析发现，在所有关系显著的变量中，信用评级的影响系数和 Exp（B）值最高，说明获得信用评级与农户贷款的可得性相关度非常高，农户获得信用评级也能增加农户信贷可得性。此外，家庭总收入水平和家庭成员中有无村干部对农户信贷可得性具有显著的正相关关系，这两个条件有效地保证了农户的还款能力和还款意愿，而劳动力人数对农户信贷可得性有显著的负相关关系，劳动力数量少的家庭信贷意愿更为强烈，获得贷款的可能性就越大。

第三，本书通过 Tobit 模型分析发现，获得高信誉对农户信贷额度的偏回归系数为正值，并且在 1%水平上通过统计检验，从结果来看，高信誉农户比低信誉农户平均多获得贷款 0. 825 万元，结合独立样本 T 检验结果，高信誉增加了农户信贷额度。进一步对是否获得信用评级对农户信贷额度的影响进行分析发现，其偏回归系数为正，也在 1%水平上通过统计检验，并且获得信用评级农户比未获得信用评级农户平均多获得贷款 8. 073 万元，在所有变量中影响度最高。由此可以看出，获得信用评级能有效增加农户信贷额度。此外，家庭成员中是否有村干部、受教育程度和总收入对农户信贷额度的影响均为显著的正向影响。

（三）有关农业保险与信誉二元信号的研究结论

首先对农业保险变量和信誉变量进行相关性分析发现，两个变量之间是独立的，然后进行独立样本（单样本）T 检验对不同类型农户的信贷可得性和信贷额度进行单因素显著性检验。研究发现，对于参保农户来讲，如果将信誉信号考虑在内，即高信誉的参保农户获得贷款的可能性显著地高于不考虑信誉信号情况下的参保农户，与第五章中的研究结果，即参保农户获得贷款概率显著高于未参保农户的结论进行对比后发现，高信誉的参保农户获得贷款的概率比参保农户高出 0. 185，由此可见，增加信誉信号后，参保农户获得贷款的概率得到提升。对不同信誉农户信贷可得性进行分析发现，如果将农业保险信号考虑在内，即参保的高信誉农户获得贷款的可能性显著地高于不考虑农业保险信号情况下的高信誉农户，与第五章中的研究结果，即高信誉农户获得贷款概率显著高于低信誉农户的结论进行对比后发现，加入农业保险信号后，参保高信誉农户获得贷款的概率显著高于高信誉农户，差值为 0. 225，由此可见，增加农业保险信号后，增加了高信誉农户获得贷款的概率。本书进一步通过 Logit 回归比较分析不同情形下农业保险信号和信誉信号对信贷可得性影响程度的大小，研究发现，在同时考虑农业保险信号和信誉信号情况下，Logit 回归分析结果中两个变量的系数和 EXP（B）值均比各自在一元信号回归分析中的系数值有显著增强，说明农业保险和信誉二元信号组合比单一农业保险信号与信誉信号的显示能力更强，该信号组合更能够增加农户信贷可得性。

对不同类型农户信贷额度的独立样本（单样本）T 检验结果进行比较分析后发现，对于参保农户来讲，如果将信誉信号考虑在内，则高信誉参保农户获得信贷额度显著高于高信誉未参保农户的贷款额度，平均高出 0. 894 万元，与第五章中的相关研究结论，即参保农户信贷额度显著高于未参保农户的结论对比后发现，高信誉参保农户比参保农户平均信贷额度增加 0. 743 万元，由此可以看出，增加信誉信号后，农户信贷额度有了更大幅度的增加。对于信誉不同的农户来讲，如果将农业保险信号考虑在内，参保的高信誉农户比参保的低信誉农户平均获得的贷款额度高出 1. 203 万元，与第六章中的相关研究结论，即高信誉农户信贷额度显著高于低信誉农户信贷额度的结论进行对比后发现，参保的高信誉农户比高信誉农户平均信贷额度高出 0. 670 万元，由此可见，增加农业保险信号后，高信誉农户信贷额度有了更大幅度的增加。进一步通过 Tobit 回归比较分析不同情形下农业保险信号和信誉信号对信贷额度影响程度的大小，研究发现，在同时考虑农业保险信号和信誉信号情况下，Tobit 回归分析结果中两个变量平均多获得的贷款额度均比各自在一元信号回归分析中的平均所获得的贷款额度有显著增加，说明农业保险和信誉二元信号组合比单一农业保险信号与信誉信号的显示能力更强，该信号组合更能够增加农户平均信贷额度。

（四）基于多元信号特征的研究结论

数字普惠金融的发展模式得以有效实施，最根本的前提就是尽可能多地获取用户多元信号信息。本书在基于数字普惠金融相关内容介绍的基础上，提出多元信号组合对实现数字普惠金融目标的重要意义。一方面，多元信号组合本身所起的信号显示作用有效地降低了金融机构与客户之间的信息不对称程度，降低金融风险；另一方面，多元信号组合能够最大化地对长尾用户进行精准画像，从而增加金融机构服务意愿，有力助推数字普惠金融产品和服务模式创新。本书基于以上研究结论，以数字普惠金融模式中的网络借贷模式为例，设计基于农户多元信号组合的数字普惠金融网贷交易实现的路径。首先是网络信息服务平台的搭建与管理。网络信息服务平台是数字普惠金融目标得以实现的主要手段，也是农户多元信号特征采集、积累、提取和评价的重要信息处理媒介。网络信息服务平台要从责任主体、平台搭建和管理、管理模式选择和技术运用上进行搭建与管理。其次是多元信号组合下农户线下信息线上化的路径设计。要基于网络信息服务平台，对农户各类线下信息的采集、积累、转化和分类评价。要基于信息系统理论分析农户线下信息线上化信息生成机理，从信息的输入、转化、拓展、沉淀和输出五个环节设计农户线下社会资本线上化的实现路径。最后是基于多元信号组合的网贷风险管理体系构建。主要包括两部分内容：失信惩戒机制构建和贷款风险分担机制构建。失信惩戒机制包括信用惩戒和联合惩戒，甚至是停止放贷，实施贷款熔断。贷款风险分担机制则通过建立“银证保担”四位一体的信贷风险分担机制来进行风险分担。

（五）案例研究结论

本书通过真实案例对各章节的理论研究和实证研究结论进行现验证，

从而进一步展现农业保险信号和信誉信号在农户借贷中所起到的作用以及多元信号组合下的数字普惠金融的发展模式和方向。在兰考县普惠金融改革实践中，以信誉特征为主体的农户信用信息评价指标的构建和以此为基础开展的“产业发展助力贷”业务有效的说明了农户信誉在信用贷款中所发挥的重要作用。安徽蚌埠的“农业保险贷”在为农户农业生产提供保障的同时，也通过质保贷款为其提供生产资金支持，使农户的风险保障和信贷融资双向结合，有效地保障了农户的还款能力。通过实证分析发现，基于信誉信号和农业保险信号的二元信号组合更显著地增加信贷可得性。而兰考县在获批普惠金融综合改革试验区后，所计划建立的“人民银行扶贫再贷款+地方法人金融机构信用贷款+政府风险保证金+财政贴息+农业保险”的五位一体的普惠金融改革模式正是对此的实践尝试。提供多元信号组合是实现金融机构和农户间信息不对称的终极解决方案。因此，在中国农业银行所开展的“惠农 e 贷”业务中，其通过农户多元信号信用信息线上化记录，完善农户信用信息系统，实现在线对农户进行审核、信用评级、授信和发放贷款，有力助推普惠金融目标的实现。

二、对策建议

基于以上理论研究结论、实证分析结果以及案例研究结论，本书将分别从政府在政策和资金上如何促进农村金融发展的宏观层面；金融机构如何拓展金融创新产品，发展农村金融市场的中观层面；以及农户如何彰显自身信号特征的微观层面对如何缓解我国农村金融市场金融抑制问题提出对策和建议，以增加农村金融市场资金供给，改善农村金融市场效率，助力普惠金融目标的实现。

（一）对政府部门的相关建议

1. 政府应加大普惠金融政策、制度的出台力度，积极推动涉农信贷相配套的法律法规建设

一是建立普惠金融法律法规体系，构建普惠金融法律框架。由于我国普惠金融体系尚未建立系统性的法律框架，所以应出台有关普惠金融的相

关法律法规体系，如《中华人民共和国普惠金融促进法》及具体实施细则、《数字普惠金融管理条例》《普惠金融资金管理及监管办法》等。明确规定普惠金融供需主体的权利和义务以及服务的基本原则，规范各类新型普惠金融业态和组织的行为，强化政府部门的激励和监督职责，形成良好的普惠金融法制环境，降低信贷风险。尤其是针对普惠金融市场上的互联网金融业务，要加强法律监管，规范其金融服务和行为，确保普惠金融各类服务有法可依、有章可循。

二是要积极推动农业保险涉农信贷相关政策和法律法规建设，明确农业保险保单质押的法律地位，以便金融机构更好地开展农业保险保单涉农贷款业务，强化农村普惠金融服务意识。对于农户普遍反映的保险费用高，而赔付率低的问题，政府应积极推动出台优惠的农业保险补贴政策，降低农户个人承担的保费水平，进一步加大政府财政补贴力度，提高农业保险的赔付率，从而不仅实现农业生产成本全覆盖，还向保产量、保收入层面转变，真正让农业保险保全保足，刺激农户购买农业保险的需求和增加银行开展农业保险涉农贷款业务的积极性；对于开展政策性农业保险保单涉农贷款的金融机构和保险公司，由财政资金给予一定的奖励。此外，还应在政策制定上注重灵活性，便于银保机构能够采用灵活多样的涉农保险贷款模式，从而增加其开展农业保险保单涉农贷款业务的积极性，更好地发挥银保互动融资功能。

三是加强以农户信誉特征为主体的农村信用体系法律法规建设，对农户信息采集、管理以及跟踪反馈等环节出台相应的政策，并建立一套详细的农村信用评价体系评估信用等级和授信额度标准，作为金融机构发放信用贷款的依据。在信用评价指标体系的构建上，应结合农户个体信誉特征，选择比较“接地气”的信用评价指标，如个人良好口碑、孝敬老人的道德模范、邻里关系和谐的五好家庭等这类获得各类荣誉称号和政府表彰的家庭以及具有致富营生小手艺等经营能力的小规模经营农户等，使这些农户的信誉“软实力”真正发挥作用。

2. 政府应承担风险补偿和财政补贴功能，以政策性资金注入为有力支撑，有效促进银保互动体系和信用体系的构建

政府部门还应承担风险补偿的功能，出台相应的风险补偿政策，建立风险补偿机制，提供风险补偿基金。一旦金融机构在发放贷款过程中面临贷款风险，不能及时收回贷款时，风险补偿基金能够有效弥补其损失，降低信贷风险，有效地解决金融机构发放贷款的后顾之忧。此外，还应对保险公司涉农保险业务提供财政补贴，从而降低农户个人承担的保费水平，提高农业保险的赔付率，为银保互动体系的构建创造有利条件。政策性资金的注入能有效降低农业保险涉农贷款业务和金融机构信用贷款业务的风险，增加金融机构和保险公司的参与积极性。

3. 政府部门在积极推动涉农贷款业务过程中，应坚持激励保障和监督约束并重的原则

一方面，政府宣传部门可以通过新闻、广播、报纸、网络、宣传橱窗以及农村基层村委会推广等形式加强广大农户的诚信教育，大力宣扬诚信美德，构建诚实守信的社会道德风气，夯实农村涉农贷款业务的思想基础；另一方面，对于违约不还款的农户，还应积极推动“还款有益、违约惩戒”的社会惩戒约束机制的构建。尤其在互联网和大数据时代背景下，跨行联合惩戒开始实施，比如对违约贷款人在出行、住宿、通信、车辆登记、婚姻登记等方面给予限制，增加其违约的连带责任，从而有效避免其出现违约行为，降低贷款风险。

（二）对金融机构的相关建议

1. 加大普惠金融产品服务创新力度，满足用户多样化需求

针对普惠金融产品和服务供给不足的现状，首先，各金融机构应加快业务升级，除办理存贷款业务以外，还应广泛开展理财、代理、发展养老金业务等，满足用户多样化需求。其次，还应因地制宜，根据农村经济发展需求、当地产业特色以及农户自身特点、农户发展需求等来开设基于多元信号特征的，能够客观反映农户实际还款能力和还款意愿的，更加符合农村实际的金融产品和服务，使金融产品更具特色，服务对象更加精准

化。最后，从普惠金融发展趋势来看，在互联网技术推动下，数字普惠金融得到快速发展，电商平台所开展的线上业务使其客户能够快速便捷地获得金融服务，这对传统金融机构所开展的线下业务带来冲击和挑战，因此，金融机构亟须基于信息技术背景下，打造“三农”数字化综合服务平台，为农民提供一站式、低成本的金融服务，促进金融产品和服务的创新和发展。

2. 金融机构应积极推进农户信用等级和授信额度的评估工作，切实解决农户贷款难问题

金融机构应积极推进农户线下社会资本线上化，并利用线上信息进行农户信用等级和授信额度的评估工作，切实解决农户贷款难问题。金融机构应将评估结果作为发放农户小额信用贷款、确定贷款利率等方面的主要参考依据，推动建立以“信用评价+信贷支持”为核心的金融服务模式，针对不同的信用等级，通过简化贷款手续、实行优惠利率等激励手段，使信用客户享受到优化的信贷政策和快捷优质的金融服务。如已有的“信用村+信用户”信用贷款模式，通过推进“信用户”“信用村”“信用乡（镇）”的创建活动，对信用好的村组优先给予各项惠农政策，鼓励农户维护自身良好信用，切实解决农户贷款难问题。

3. 积极开展征信知识宣传，增强农户信誉意识

作为征信业监督管理机构的中国人民银行，要定期、不定期开展征信知识进基层金融网点、进乡村、进农户活动，实时对农户进行互联网知识和技术宣传培训，增强广大农民群众积累线上信用信息意识，使其能够意识到在抵押品缺失的情况下，拥有良好信誉也能够获得金融机构的信贷支持，从而主动积累自己的信誉。此外，还应构建“守信受益，失信惩戒”的信誉约束机制。对于失信违约农户，应加大对其的惩罚力度，除了降低其信用等级，将其列入金融机构“黑名单”外，还应增加其违约的连带责任，如目前已有实施的“信用村+信用户”信用贷款模式，一户失信，全村受损，从而有效降低农户违约率。

4. 保险公司应积极推广农业保险，提升农业保险覆盖率

针对农户参保率低、农业保险政策不清楚、保险意识淡薄等现实问

题，保险机构应积极拓展农业保险的功能，加强对农业保险的宣传力度，提升农户对农业风险和农业保险的认知水平，增加农户购买农业保险的主动性，提升农业保险覆盖率，更好地发挥银保互动融资功能。

（三）对农户的相关建议

对于农户来讲，也要意识到金融机构发放贷款的主要依据在于对自身还款能力和还款意愿的把握程度，因此，农户也应积极主动地显示自身的特征信号来揭示其还款能力和还款意愿，从而增加信贷可得性。在还款能力方面，除了对自己的经营收入情况、家庭资产情况进行反映外，农户的还款能力归根结底还是在于如何有效降低农业生产的不确定性，而参加农业保险能有效保障农业生产经营成果，从而保证其还款能力，因此，农户应积极参加农业保险，一方面保证了农业生产经营所得，另一方面通过金融机构农业保险涉农贷款业务的开展，通过农业保险质押贷款也拓展了自身的融资渠道。在还款意愿方面，农户信誉可以作为有效的抵押替代发挥其融资功能，因此，对于农户来讲，注重自身信用和良好口碑的积累，提升自身素养，提高诚信意识，弘扬诚信美德，要意识到在缺乏抵押品的情况下，拥有良好信誉也能够获得金融机构的信贷支持。此外，在金融科技推动下，农户应意识到其线上交易和行为将成为个人重要的信用资产，应积极转变观念，有意识地利用互联网平台，通过商品交易、支付结算、社会交往等融入数字社会，积累自身的互联网信用资产，通过各种方式主动积累自身信誉，做到遵信守约，注重自身信任能力的提升。

三、研究不足与展望

本书在写作过程中力求严谨、客观。但是由于能力、物力和时间方面的原因，本书的研究还有如下几方面有待进一步的补充和完善。

首先，本书尽管通过信号传递效应分析和博弈分析对农业保险和农户信誉一元信号的信贷可得性和信贷额度进行了理论推导，得出相应的理论研究假设并给予实证检验，但对农业保险和信誉二元信号组合对农户信贷可得性与信贷额度影响仅给予了实证检验，没有分析二元信号及多元信号组合信号性质和信号强度的内在作用机理，这将是未来研究的努力方向。

其次，实证部分的问卷调查样本均来自河南省，尽管河南省是农业大省，选择河南省农户具有一定代表性，但如果将样本范围进一步扩大，研究结论更具有一般性和说服力。

最后，由于数字普惠金融尚处于实践探索期，所以本书对此的研究和探讨相对较少，但本书的研究结论足以证实多元信号组合下数字普惠金融是未来发展的方向，这将是接下来要研究的重要领域。

参考文献

[1] Aghion B. A. On the Design of a Credit Agreement with PeerMonitoring [J]. Journal of Development Economics, 1999 (60): 79–104.

[2] Ahlin, Christian and Robert M. Townsend. Selection into and across Credit Contracts: Theory and Field Research [J]. Journal of Econometrics, 2007, 136 (2): 665–698.

[3] Arcand J. L., Faye I. Truthtelling, Countervailing Incentives and Reputation: Evidence from Rural Micro-Credit Markets in Senegal [R]. Working Paper, 2002.

[4] Baltensperger E. Credit Rationing Issues and Questions [J]. Journal of Money Credit and Banking, 1978, 10 (2): 170–183.

[5] Baydas M., R. L. Meyer, N. Aguileraalfred. Credit Rationing in Small-Scale Enterprises: Special Micro-enterprise Programs in Ecuador [J]. The Journal of Development Studies, 1994, 31 (2): 279–309.

[6] Berger A. N., Espinosa-Vega M. A., Frame W. S., Miller N. H. Why do Borrowers Pledge Collateral? New Empirical Evidence on the Role of Asymmetric Information [J]. Journal of Financial Intermediation, 2011 (20): 5–70.

[7] Berger A. N., Frame W. S., Ioannidou V. Tests of Ex ante Versus Expost Theories of Collateral Using Private and Public Information [J]. Journal of Financial Economics, 2011 (10): 85–97.

[8] Besley, Coate. Group Lending, Repayment Incentives and Social Collateral [J]. Journal of Development Economicss, 1995, 46 (1): 1–18.

[9] Biggart N. W., Castanias R. P. Collateralized Relations: The Social

in Economic Calculation [J]. American Journal of Economics and Sociology, 2001, 60 (2): 65-79.

[10] Bolton G., Greiner B., Ockenfels A. Engineering Trust: Reciprocity in the Production of Reputation Information [J]. Management Science, 2013, 59 (2): 265-285.

[11] Bond P, Rai A. S. Cosigned or Group Loans [J]. Journal of Development Economics, 2008 (85): 58-80.

[12] Boot A. W. A. Relationship Banking: What do We Know? [J]. Jou rnal of Financial Intermediation, 2000 (9): 7-25.

[13] Boucher S., G. Caterine T. Carolina. Direct Elicitation of Credit Constraints: Conceptual and Practical Issues with an Empirical Application to Peruvian Agriculture [R]. Presentation at the American Agricultural Economics Association Annual Meeting, 2005.

[14] Boucher S. Endowments and Credit Market Performance: An Econometric Exploration of Non-price Rationing Mechanisms in Rural Credit Markets in Peru [EB/OL]. http://www.agecon.ucdavis.edu, 2002.

[15] Boucher S. R., M. R. Carter and C. Guirkinger. Risk Rationing and Wealth Effects in Credit Markets: Theory and Implications for Agricultural Development [J]. American Journal of Agricultural Economics, 2008, 90 (2): 409-423.

[16] C. A. I. Jing. The Impact of Insurance Provision on Households' Production and Financial Decisions [J]. Munich Personal RePEc Archive Paper, 2012 (10).

[17] Caleb C., Matthew J., Kevin P., et al. Revealed Reputations in the Finitely Repeated Prisoners' Dilemma [J]. Economic Theory, 2015, 58 (3): 441-484.

[18] Carter M. R., Cheng L., Sarris A. The Impact of Interlinked Index Insurance and Credit Contracts on Financial Market Deepening and Small farm Productivity [C]. Annual Meeting of the American Applied Economics

Association, Pittsburgh, PA, 2011 (3): 24-26.

[19] Cheng, L. The Impact of Index Insurance on Borrower's Moral Hazard Behavior in rural Credit Markets [R]. Working Paper, University of California, Davis, CA, 2014.

[20] Coco G. On the Use of Collateral [J]. Journal of Economic Surveys, 2000 (14): 191-214.

[21] Danilowska A. Cooperative Banks and a Problem of Adverse Selection in Agricultural Credit Market [J]. Economic Science for Rural Development, 2012 (28): 176-180.

[22] David Kreps, Paul R, Milgrom D, John Roberts, Robert Wilson. Rational Cooperation in the Finitely Repeated Prisoner's Dilemma [J]. Journal of Economic Theory, 1982 (27): 245-252.

[23] Dean Karlan, Robert Osei, Isaac Osei-Akoto, Christopher Udry. Agricultural Decisions after Relaxing Credit and Risk Constraints [J]. The Quarterly Journal of Economics, 2014 (2): 597-652.

[24] Eugene F. Fama. Agency Problems and the Theory of the Firm [J]. Journal of Political Economy, 1980 (3): 288-307.

[25] Fafchamps M., Lund S. Risk - Sharing Networks in Rural Philippines [J]. Journal of Development Economics, 2003 (71): 261-287.

[26] Fishman A. Financial Intermediaries as Facilitators of Information Exchange between Lenders and Reputation Formation by Borrowers [J]. International Review of Economics and Finance, 2009 (2): 301-305.

[27] Gabi Dei Ottati. Trust, Interlinking Transactions and Credit in the Industrial District [J]. Cambridge Journal of Economics, 1994 (18): 529-546.

[28] Gabriel A. Fuentes. The Use of Village Agents in Rural Credit Delivery [J]. Journal of Development Studies, 1996, 33 (2): 188-209.

[29] Ghatak, Maitreesh. Screening by the Company You Keep: Joint Liability Lending and the Peer Selection Effect [J]. The Economic Journal, 2000 (465): 601-631.

[30] Ghatak. The Economics of Lending with Joint Liability: Theory and Practice [J]. Journal of Development Economics, 1999, 60 (1): 195-228.

[31] Ghosh P., D. Mookherjee, D. Ray. Credit Rationing in Developing Countries: An Overview of the Theory [A] // D. Mookherjee, D. Ray A. Reader in Development Economics [M]. Malden, MA: Blackwell, 2002.

[32] Grootaert Christian. Social Capital, Household Welfare and Poverty in Indonesia [J]. Social Science Electronic Publishing, 2004, 32 (8): 102-120.

[33] Guirkinger C., S. R. Boucher. Credit Constraints and Productivity in Peruvian Agriculture [J]. Agricultural Economics, 2008, 39 (3): 295-308.

[34] Hans P. Binswanger, Attitudes toward Risk: Experimental Measurement in Rural India [J]. American Journal of Agricultural Economics, 1980 (8): 395-407.

[35] Hans P. Binswanger. Risk Aversion, Collateral Requirements, and the Markets for Credit and Insurance in Rural Areas [J]. Crop Insurance for Agricultural Development, 1987, Part I, Chapter 4: 67-86.

[36] Hazell P. B. R., Norton R. D. Mathematical Programming for Economic Analysis in Agriculture [M]. New York: Macmillan, 1986.

[37] Helmut Bester. The Role of Collateral in a Model of Debt Renegotiation [J]. Journal of Money, Credit and Banking, 1994, 26 (1): 72-86.

[38] Hermes and Lensink. Peer Monitoring, Social Ties and Moral Hazard in Group Lending Programs: Evidence from Eritrea [J]. World Development, 2005, 33 (1): 149-169.

[39] Hermes N., Lensink R. The Empirics of Microfinance: What do We Know? [J]. Economic Journal, 2007 (117): 1-10.

[40] Hogan Andrew. Crop Credit Insurance and Technical Change in Agricultural Development: A TheoreticalAnalysis [J]. The Journal of Risk and Insurance, 1983, 50 (1): 118-130.

[41] Horner J. Reputation and Competition [J]. American Economics

Review, 2002 (92): 45-67.

[42] Horner J. Reputation and Competition [J]. American Economics Review, 2002 (92): P45-67.

[43] Ifft, Jennifer, Kuethe, Todd, Morehart, Mitchell. Farm Debt Use by Farms with Crop Insurance [J]. Choices, 2013, 28 (3): 101-133.

[44] Iqbal F. The Demands for Funds by Agricultural Households: Evidence from Rural India [J]. Journal of Development Studies, 1983, 20 (1): 68-86.

[45] J. D. Von Pischke. Can Crop Credit Insurance Address Risks in Agricultural Iending [M]. The Johns Hopkins University Press, 1986.

[46] Kandori M. Social Norms and Community Enforcement [J]. Review of Economic Studies, 1992, 59 (1): 63-80.

[47] Kochar A. An Empirical Investigation of Rationing Constraints in Rural Credit Markets in India [J]. Journal of Development Economics, 1997, 53 (2): 339-371.

[48] Kochar. Severe and Complicated Malaria in Bikaner (Rajasthan), Western India. Southeast Asian Journal of Tropical Medicine & Public Health [J]. 1997, 28 (2): 259-267.

[49] Leatham. Implications of Crop Insurance For Farmers and Lenders [J]. Southern Journal of Agricultural Economics, 1987 (9): 113-120.

[50] Luigi Guiso, Tullio Jappelli. Stockholding in Italy [R] //CSEF Working Papers. Centre for Studies in Economics and Finance (CSEF) [M]. University of Salerno, Italy, 2002.

[51] Lukas Menkhoff, Doris Neuberger, Ornsiri Rungruxsirivon. Collateral and its Substitutes in Emerging Markets' Lending [J]. Journal of Banking & Finance, 1997 (36): 817-834.

[52] Madajewicz, Malgosia. Joint Liability versus Individual Liability in Credit Contracts [J]. Journal of Economic Behavior & Organization, 2010.

[53] Maitreesh Ghatak, Timothy W. Guinnane. The Economics of Lending

with Joint Liability: Theory and Practice [J]. Journal of Development Economics, 1999, 60 (1): 195-228.

[54] Meng X. Analyst Reputation, Communication, and Information Acquisition [J]. Journal of Accounting Research, 2015, 53 (1): 119-173.

[55] Mishra. The Comprehensive Crop Insurance Scheme in India 1985-1991: A Study of its Working with Special Reference to Gujarat [M]. University of Sussex, 1994.

[56] Nieken P., Sliwka D. Management Changes, Reputation, an "Big Bath" Earnings Management [J]. Journal of Economics & Management Strategy, 2015, 24 (3): 501-522.

[57] Ortiz-Molina H., Penas. M. Lending to Small Businesses: The Role of Loan Maturity in Addressing Information Problems [J]. Small Business Economics, 2008 (30): 336-383.

[58] Petrick M. A Micro econometric Analysis of Credit Rationing in the Polish Farm Sector [J]. European Review of Agricultural Economics, 2004, 31 (1): 77-101.

[59] Pfeiffer T., Tran L., Krumme C., et al. The Value of Reputation [J]. Journal of the Royal Society Interface, 2012, 9 (76): 2791-2797.

[60] Pfleuger B. W., Barry P. J. Crop Insurance and Credit: A farm Level Simulation Analysis [J]. Agricultural Finance Review, 1986 (46): 1-14.

[61] Pischke, Adams, Donald. Rural Financial Markets in Developing Countries [M]. The Johns Hopkins University Press, 1987.

[62] Pramod K. Mishra. Crop Insurance and Crop Credit: Impact of the Comprehensive Crop Insurance Scheme on Cooperative Credit in Gujarat [J]. Journal of International Development, 1994, 6 (5).

[63] Putna R. D. Bowling Alone: America's Declining Social Capital [J]. Journal of Democracy, 1995, 6 (1): 65-78.

[64] Putnam R. Making Democracy Work: Civic Traditions inModem It-

aly [M]. Princeton: Princeton University Press, 1993.

[65] Reka S. Three Essays onReputation in Rural Credit Markets: A Honduran Case Study [D]. University of Wisconsin-Madison, 2005.

[66] Sanjay Jain, Ghazala Mansuri. A Little at a Time: the Use of Regularly Scheduled Repayments in Microfinance Programs [J]. Journal of Development Economics, 2003 (73): 253-279.

[67] Spence M. Job Market Signaling [J]. The Quarterly Journal of Economics, 1973, 87 (3): 355-74.

[68] Steijvers T., Voordeckers W. Collateral and Credit Rationing: A Review of Recent Empirical Studies as a Guide for Future Research [J]. Journal of Economic Surveys, 2009 (23): 924-946.

[69] Stiglitz, Joseph E. Peer Monitoring and Credit Markets [J]. World Bank Economic Review, 1990 (3): 351-366.

[70] Stiglitz, Weiss. Credit Rationing in Markets with Imperfect Information [J]. The American Economic Review, 1981, 71 (3): 393-410.

[71] T. C. Wang. Paying Back to Borrow More: Reputation and Bank Credit Access in Early America [J]. Explorations in Economic History, 2008, 45 (4): 477-488.

[72] Tsoukas S., Mizen P., Tsoukalsa J. The Iimportance of a Good Reputation: New Evidence from the US Corporate Bond Market [R]. Working Papers, 2011.

[73] Van Bastelaer, Thierry. Does Social Capital Facilitate the Poor's Access to Credit? A Review of the Microeconomic Literature [R]. Washington DC: The World Bank, Social Capital Initiative Working Paper, 2000, (8): 1-24.

[74] Van Zyl J., Kirsten J., Binswanger H. P. Agricultural land reform in South Africa: Policies, Markets and Mechanisms [M]. New York: Oxford University Press, 1996.

[75] Varian, Hal. Monitoring Agents with Other Agents [J]. Journal of

Institutional Theoretical Economics，1990（1）：153-174.

［76］Whdick. Credit Access for Household Enterprises in Developing Countries under AsymmetricInformation ［D］. Dissertation，University of Carlifornia at Berkeley，2012.

［77］Wydick，Bruce. Group Lending under Dynamic Incentives as a Borrower Discipline Device ［J］. Review of Development Economics，2001，(33)：375-383.

［78］爱德华·S. 肖．经济发展中的金融深化［M］. 上海：上海三联书店，1988.

［79］罗纳德·I. 麦金农．经济发展中的货币与资本［M］. 上海：上海三联书店，1988.

［80］白永秀，马小勇．农户个体特征对信贷约束的影响：来自陕西的经验证据［J］. 中国软科学，2010（9）：148-155.

［81］蔡洪滨，张琥，严旭阳．中国企业信誉缺失的理论分析［J］. 经济研究，2006（9）：85-93.

［82］蔡四平，岳意定．中国农村金融组织体系重构——基于功能视角的研究［M］. 北京：经济科学出版社，2007.

［83］蔡彤，唐录天，郭亮．以小额信贷为载体发展普惠金融的实践与思考［J］. 甘肃金融，2010（10）：22-24.

［84］蔡秀，肖诗顺，基于社会资本的农户借贷行为研究［J］. 农村经济与科技，2009（7）：84-85.

［85］曹凤岐．建立多层次农村普惠金融体系［J］. 农村金融研究，2010（10）：64-67.

［86］曹子娟．中国小额信贷发展研究［M］. 北京：中国时代经济出版社，2005.

［87］陈建新．三种农户信贷技术的绩效比较研究［J］. 金融研究，2008（6）：144-57.

［88］陈立中．转型期收入增长和收入分配对农村贫困减少的影响——方法、特征和证据［J］. 南方经济，2008（6）：3-14.

[89] 陈鹏，刘锡良．中国农户融资选择意愿研究——来自10省2万家农户借贷调查的证据［J］．金融研究，2011（7）：128-141.

[90] 陈莎，蒋莉莉，周立．中国农村金融地理排斥的省内差异——基于“地理金融密度不平等系数”衡量指标［J］．银行家，2012（8）：108-111.

[91] 程恩江，刘西川．小额信贷缓解农户正规信贷配给了吗？——来自三个非政府小额信贷项目区的经验证据［J］．金融研究，2010（12）：190-206.

[92] 褚保金，卢亚娟，张龙耀．农户不同类型借贷的需求影响因素实证研究——以江苏省泗洪县为例［J］．江海学刊，2008（3）：58-62.

[93] 丁焕强．基于金融共生理论的农村金融体制研究［J］．金融理论与实践，2006（10）：59-62.

[94] 丁振辉．农户声誉和村镇银行经营思路研究［J］．兰州学刊，2015（7）：193-198.

[95] 杜朝运．普惠金融发展的理论与实践［M］．厦门：厦门大学出版社，2016.

[96] 杜晓山．建立可持续性发展的农村普惠性金融体系［J］．金融与经济，2007（2）：33-34.

[97] 范香梅，张晓云．社会资本影响农户贷款可得性的理论与实证分析［J］．管理世界，2012（4）：177-178.

[98] 方首军，黄泽颖，孙良媛．农业保险与农村信贷互动关系的理论分析与实证究：1985—2009［J］．农村金融研究，2012（7）：60-65.

[99] 冯庆水，黄艳宁．农村信贷与农业保险互动机制运行效率研究［J］．中国管理科学，2015（11）：378-385.

[100] 甘少浩，张亦春．中国农户金融支持问题研究［M］．北京：中国财政经济出版社，2008.

[101] 管征，卞志春，范从来．增发还是配股？上市公司股权再融资方式选择研究［J］．管理世界，2008（1）：136-144.

[102] 韩俊，罗丹，程郁．信贷约束下农户借贷需求行为的实证研究

[J]. 农业经济问题，2007（2）：44-51.

[103] 韩俊. 中国农村金融调查 [M]. 上海：上海远东出版社，2007.

[104] 何广文，杨虎锋，栾杰. 农业保险对农户小额信贷风险的影响分析——基于 FLIPSIM 模型的模拟分析 [J]. 西南金融，2011（12）：9-12.

[105] 何广文. 关注弱势群体，深化我国小额信贷事业的发展 [N]. 金融时报，2006（10）：26.

[106] 何广文. 农户小额信用贷款的制度绩效、问题及对策 [J]. 中国农村信用合作，2002（11）：11-13.

[107] 何国钦. 当前农户联保贷款的实施障碍及其对策探讨 [J]. 福建金融，2001（6）：22-23.

[108] 何军，宁满秀，史清华. 农户民间借贷需求及影响因素实证研究——基于江苏省 390 户农户调查问卷数据分析 [J]. 南京农业大学学报（社会科学版），2005（4）：20-24.

[109] 贺磊. 中国信贷增长与保险发展关系的动态分析——基于 bootstrap 仿真的实证研究 [J]. 财经理论与实践，2013（3）：35-39.

[110] 侯英，陈希敏. 声誉、借贷可得性、经济及个体特征与农户借贷行为——基于结构方程模型（SEM）的实证研究 [J]. 农业技术经济，2014（9）：61-71.

[111] 胡国晖，王婧. 金融排斥与普惠金融体系构建：理论与中国实践 [M]. 北京：中国金融出版社，2015.

[112] 胡新杰，赵波. 我国正规信贷市场农户借贷约束研究：基于双变量 Probit 模型的实证分析 [J]. 金融理论与实践，2013（2）：12-17.

[113] 黄海云. 中国农村金融体制改革研究 [D]. 厦门：厦门大学，2006.

[114] 黄绍进，李善民. 信用声誉、银行信贷决策与农户融资成本——来自我国首个信用县的经验证据 [J]. 征信，2017，35（3）：24-30.

[115] 黄涛. 中小企业抵押型信贷的创新思路 [J]. 特区经济，2008

（1）：41-42.

［116］黄晓红．基于信号传递的农户声誉对农户借贷结果影响的实证研究［J］．经济经纬，2009（3）：108-111.

［117］黄晓红．基于信号传递的农户声誉对农户借贷结果影响的实证研究［J］．经济经纬，2009（3）：108-111.

［118］黄益平，黄卓．中国的数字金融发展：现在与未来［J］．经济学（季刊），2018，17（4）：1489-1502.

［119］江能，邹平，王泽丽．联保机制对贷款还款率的影响研究［J］．统计与决策，2008（5）：68-70.

［120］蒋海，刘少波．信息结构与金融监管激励：理论与政策含义［J］．财经研究，2004，30（7）：26-34.

［121］焦瑾璞，陈瑾．建设中国普惠金融体系——提供全民享受现代金融服务的机会和途径［M］．北京：中国金融出版社，2009.

［122］焦瑾璞，王爱俭．普惠金融——基本原理与中国实践［M］．北京：中国金融出版社，2015.

［123］焦瑾璞，杨骏．小额信贷和农村金融［M］．北京：中国金融出版社，2006.

［124］金辉．数字普惠金融有可能成为未来发展的主流［N］．经济参考报，2018-08-08（006）．

［125］匡桦，李富有，张旭涛．隐性约束、声誉约束与农户借贷行为［J］．经济科学，2011（2）：77-88.

［126］兰考县人民银行．兰考县信用信息中心建设实施方案［Z］．兰政办（2016 年）25 号．

［127］雷宇．声誉机制的信任基础：危机与重建［J］．管理评论，2016，28（8）：225-237.

［128］李丹，张兵．社会资本能持续缓解农户信贷约束吗？［J］．上海金融，2013（10）：9-13.

［129］李金龙，王颖纯．普惠金融发展存在的主要问题及政策启示［J］．宏观经济研究，2020（9）：58-67+76.

[130] 李明秋，王宝山．中国农村土地制度创新及农地使用权流转机制研究［M］．北京：中国大地出版社，2004.

[131] 李锐，朱喜．农户金融抑制及其福利损失的计量分析［J］．经济研究，2007（2）：146-55.

[132] 李似鸿．金融需求、金融供给与乡村自治——基于贫困地区农户金融行为的考察与分析［J］．管理世界，2010（1）：74-87.

[133] 李延喜，吴笛，肖峰雷，等．声誉理论研究述评［J］．管理评论，2010，22（10）：3-11.

[134] 林杰．保险与农业信贷供求的“帕累托改进”［J］．福建金融，2008（6）：18-22.

[135] 林毅夫．当期中国经济的主要问题和出路［N］．经济学信息报，2007-05-02.

[136] 林毅夫．制度、技术与中国农村发展［M］．上海：上海三联出版社，1994.

[137] 刘西川，黄祖辉，程恩江．贫困地区农户的正规信贷需求：直接识别和经验分析［J］．金融研究，2009（4）：36-51.

[138] 刘晓莉．对中国农业信贷约束的检验［J］．世界经济文汇，2008（4）：88-99.

[139] 刘修睿．浅论普惠金融及其未来发展［J］．金融经济，2018（3）：64-65.

[140] 刘营军，褚保金，徐虹．政策性金融破解农户融资难研究——一个微观视角［J］．农业经济问题，2011（11）：66-71.

[141] 刘祚祥，黄权国．信息生产能力、农业保险与农村金融市场的信贷配给［J］．中国农村经济，2012（5）：53-64.

[142] 卢阳春．WTO 与我国信用制度的建设［J］．财经科学，2002（1）：118-121.

[143] 吕德宏，朱莹．农户小额信贷风险影响因素层次差异性研究［J］．管理评论，2017，29（1）：33-41.

[144] 吕家进．构建中国普惠金融［J］．资本市场，2014（8）：12.

[145] 马建霞．普惠金融促进法律制度研究［D］．重庆：西南政法大学，2012.

[146] 马九杰，等．社会资本与农户经济：信贷融资、风险处置、产业选择、合作行动［M］．北京：中国农业科学技术出版社，2008.

[147] 马彧菲．普惠金融发展及其减贫效应研究［D］．厦门：厦门大学，2015.

[148] 米运生，曾泽莹，何璟．农村互联性贷款的存在逻辑与自我履约——基于声誉视角的理论分析［J］．经济科学，2016，38（3）：100-113.

[149] 潘明清，郑军，刘丽．农业保险与农村信贷发展：作用机制与政策建议［J］．农村经济，2015（6）：76-79.

[150] 潘志强，孙中栋．非农化进程中农户农业投资研究［J］．中央财经大学学报，2007（1）：86-91.

[151] 任乐，王性玉，赵辉．农户信贷可得性和最优贷款额度的理论分析与实证检验——基于农业保险抵押品替代视角［J］．管理评论，2017，29（6）：32-42.

[152] 邵汉华、王凯月．普惠金融的减贫效应及作用机制——基于跨国面板数据的实证分析［J］．金融经济学研究，2017（6）：65-74.

[153] 唐宁．数字普惠金融的中国实践与未来发展［J］．清华金融评论，2016（12）：49-50.

[154] 田霖．我国金融排斥的城乡二元性研究［J］．中国工业经济，2011（2）：36-45.

[155] 田霖．我国农村金融排斥与过度负债［J］．金融理论与实践，2012（2）：3-7.

[156] 童馨乐，褚保金，杨向阳．社会资本对农户借贷行为影响的实证研究——基于八省 2003 个农户的调查数据［J］．金融研究，2011（12）：177-191.

[157] 王曙光，王东宾．双重二元金融结构、农户信贷需求与农村金融改革——基于 11 省 14 县市的田野调查［J］．财贸经济，2011（5）：38-44+136.

[158] 王性玉，任乐，赵辉．社会资本对农户信贷配给影响的分类研究——基于河南省农户的数据检验 [J]. 经济问题探索，2016 (9)：172-181.

[159] 王性玉，田建强．农户资源禀赋与农业产出关系研究——基于信贷配给数据的分组讨论 [J]. 管理评论，2011，9 (23)：38-42.

[160] 王修华，贺小金，徐晶．中国农村金融排斥：总体评价、地区差异及影响因素研究 [J]. 西部金融，2012 (1)：75-83.

[161] 王修华，谭开通．社会网络对农户正规机构贷款可获性的影响研究 [J]. 湘潭大学学报（ 哲学社会科学版），2014 (1)：30-34.

[162] 温涛，冉光和，熊德平．中国金融发展与农民增收 [J]. 经济研究，2005 (7)：30-43.

[163] 吴敬．基于有限理性的农村联保贷款合谋防范机制设计 [J]. 上海金融，2012 (7)：49-54+119.

[164] 吴晓玲．普惠金融是中国构建和谐社会的助推器 [N]. 金融时报，2010-06-21.

[165] 肖本华．包容性增长视角下的普惠制金融研究 [J]. 上海金融学院学报，2011 (6)：17-22.

[166] 谢升峰，田东山，彭辉，邓德波．实现农村金融全覆盖的普惠金融体制创新 [J]. 金融经济，2014 (14)：15-17.

[167] 星焱．普惠金融：一个基本理论框架 [J]. 国际金融研究，2016 (9)：21-37.

[168] 熊学萍，阮红新，易法海．农户金融行为、融资需求及其融资制度需求指向研究——基于湖北省天门市的农户调查 [J]. 金融研究，2007 (8)：171-185.

[169] 熊学萍．农户联保贷款制度的博弈机制及其完善 [J]. 理论月刊，2005 (11)：186-188.

[170] 徐璋勇，杨贺．农户信贷行为倾向及其影响因素分析——基于西部 11 省（区）1664 户农户的调查 [J]. 中国软科学，2014 (3)：45-56.

[171] 许年行，张华，吴世农．附加承诺具有信号传递效应吗？[J]. 管理世界，2008 (3)：142-51.

[172] 杨峰．农户联保制度二维结构分析——基于人际信任视角 [J]．农村金融研究，2011 (4)：69-72.

[173] 姚唯一．基于农户声誉的农村信贷创新研究 [D]．开封：河南大学，2014.

[174] 叶剑平，丰雷，蒋妍，罗伊·普罗斯特曼，朱可亮．2008 年中国农村土地使用权调查研究 [J]．管理世界，2010 (1)：64-73.

[175] 叶明华，卫玥．农业保险与农村信贷：互动模式与绩效评价 [J]．经济体制改革，2015 (5)：92-97.

[176] 袁纯清．共生理论及其对小型经济的应用研究 [J]．改革，1998 (2)：103.

[177] 袁纯清．共生理论——兼论小型经济 [M]．北京：经济科学出版社，1998.

[178] 张浩，李前进，吴董．农业保险与农村信贷互动机制研究 [J]．上海金融，2010 (3)：87-90.

[179] 张建杰，农户社会资本及对其信贷行为的影响——基于河南省 397 户农户调查的实证分析 [J]．农业经济问题，2008 (9)：28-34.

[180] 张建军，许承明．农业信贷与保险互联影响农户收入研究——基于苏鄂两省调研数据 [J]．财贸研究，2013 (5)：55-61.

[181] 张杰．农户、国家与中国农贷制度：一个长期视角 [J]．金融研究，2005 (2)：1-12.

[182] 张龙耀，江春．中国农村金融市场中非价格信贷配给的理论和实证分析 [J]．金融研究，2011 (7)：98-113.

[183] 张三峰，卜茂亮，杨德才．信用评级能缓解农户正规金融信贷配给吗？——基于全国 10 省农户借贷数据的经验研究 [J]．经济科学，2013 (2)：81-93.

[184] 张婷．农户联保贷款的风险管理探析 [J]．统计与决策，2009 (3)：146-148.

[185] 张维迎．博弈论与信息经济学 [M]．上海：上海三联书店，1996.

[186] 张新颖．探究我国普惠金融的现状问题及对策 [J]．智库时代，

2018（20）：58-60.

［187］张悦．基于信号传递的农户抵押品替代分析［D］．开封：河南大学，2013.

［188］张正平，肖雄．我国农户联保贷款的发展条件：基于演化博弈论的分析［J］．农业技术经济，2012（5）：60-69.

［189］赵岩青，何广文．农户联保贷款有效性问题研究［J］．金融研究，2007（7）：61-77.

［190］中保网．安徽蚌埠试点农险保单质押贷款初显成效［EB/OL］．http：//www. sinoins. com/zt/2013-11/27/content_ 79690. htm2013-11-27.

［191］中国工商银行网站．安徽种植大户样本：保险护航现代农业［EB/OL］．http：//www. icbc. com. cn/ICBC/网上保险/综合版保险/安徽种植大户样本保险护航现代农业．htm，2013-07-29.

［192］中国人民银行农户借贷情况问卷调查分析小组，农户借贷情况问卷调查分析报告［M］．北京：经济科学出版社，2009.

［193］中国社会科学院城市发展与环境研究所网站．城市蓝皮书，2011［EB/OL］．http：//iue. cass. cn/xshd/201609/t20160930_ 3223046. shtml，2011-09-30.

［194］中华人民共和国中央人民政府网站．全国首个普惠金融改革试验区落户兰考［EB/OL］．http：//www. gov. cn/xinwen/2016-12/29/ content_ 5154242. htm，2016-12-29.

［195］中国城乡金融报网站．“ e 网”情深助农增收农业银行河南开封分行开展互联网金融服务“三农”侧记［EB/OL］．http：//www. zgcxjrb. com/zgcxjrb/nhxw/webinfo/2020/07/1590808426669943. htm. 2020-07-03.

［196］中国贵州遵义市银行业协会网站．小茶叶增强脱贫带动力——农业银行遵义分行湄潭支行产业扶贫纪实［EB/OL］．http：//www. zunyiba. cn/article_ show. asp？ ID=11402.

［197］周孟亮，张国政．基于普惠金融视角的我国农村金融改革新方法［J］．中央财经大学学报，2009（6）：37-42.

［198］周民源．创新驱动广为覆盖，探索普惠金融发展之路［J］．中

国金融家，2014（8）：70-73.

［199］朱喜，李子奈．农户借贷的经济影响：基于 IVQR 模型的实证研究［J］. 系统工程理论与实践，2006（3）：69-75.

［200］朱喜，李子奈．我国农村正式金融机构对农户的信贷配给——一个联立离散选择模型的实证分析［J］. 数量经济技术经济研究，2006（3）：37-49.

［201］祝国平，刘吉舫．农业保险是否支持了农业信贷？——来自全国 227 个地级市的证据［J］. 农村经济，2014（10）：77-81.

重要术语索引

A

案例检验 …………………………… 010

B

比较分析 …………………………… 042
博弈均衡分析 ……………………… 090

C

产业发展助力贷 …………………… 071
长尾农户 …………………………… 002

D

贷款风险分担机制 ………………… 126
抵押品替代 ………………………… 003

E

二元信号组合 ……………………… 004

F

分离均衡 …………………………… 009
风险补偿 …………………………… 127
风险管理体系 ……………………… 126

H

还款能力 …………………………… 002
还款意愿 …………………………… 002
互联网保险 ………………………… 121
互联网理财 ………………………… 121
惠农 e 贷 …………………………… 141
混同均衡 …………………………… 009

J

金融创新 …………………………… 002
金融共生理论 ……………………… 008
金融宣传 …………………………… 134
金融抑制 …………………………… 001
净收益模型 ………………………… 008

L

兰考县普惠金融改革试验区 … 129
路径设计 …………………………… 124
Logit 回归 ………………………… 008

N

农村金融理论 ……………………… 008
农村金融市场论 …………………… 017
农村经济 …………………………… 001
农户 ………………………………… 001
农户借贷 …………………………… 008
农户借贷情况 ……………………… 059

农户线下信息线上化 ………… 125
农户信誉情况 ………………… 059
农业保险 ……………………… 004
农业保险贷 …………………… 135

P

普惠金融 ……………………… 001
普惠金融法律法规 …………… 154
普惠金融体系 ………………… 002
普惠金融体系功能 …………… 051
普惠金融体系框架 …………… 053
普惠金融体系目标 …………… 009

S

“三农”问题 ………………… 001
三级信用评审机制 …………… 130
社会惩罚 ……………………… 042
社会资本 ……………………… 019
失信惩戒机制 ………………… 126
数字普惠金融 ………………… 004

T

脱贫攻坚 ……………………… 143
Tobit 回归 …………………… 008

W

网贷交易 ……………………… 123
网络借贷 ……………………… 120
网络信息服务平台 …………… 125
网络支付 ……………………… 119
问卷调查 ……………………… 004

X

乡村振兴 ……………………… 001
相关性检验 …………………… 108
小组联保 ……………………… 019
效用最大化模型 ……………… 013
信贷额度 ……………………… 006
信贷可得性 …………………… 004
信贷配给 ……………………… 001
信号传递理论 ………………… 004
信号特征 ……………………… 002
信息不对称 …………………… 001
信用评级 ……………………… 022
信用评价体系 ………………… 134
信用资产 ……………………… 158
信誉 …………………………… 004
信誉称号 ……………………… 087

Z

政策性资金 …………………… 003
政府补贴 ……………………… 069
准分离均衡 …………………… 009
最优贷款额度 ………………… 073
作用机理 ……………………… 004